现代高中教学及其管理实践探索

王 军 郑红霞 著

吉林人民出版社

图书在版编目(CIP)数据

现代高中教学及其管理实践探索 / 王军,郑红霞著.

长春:吉林人民出版社,2024.8.—ISBN 978-7-206

-21380-9

Ⅰ．G637.3

中国国家版本馆 CIP 数据核字第 2024BA3421 号

现代高中教学及其管理实践探索

XIANDAI GAOZHONG JIAOXUE JI QI GUANLI SHIJIAN TANSUO

著　　者:王　军　郑红霞

责任编辑:衣　兵

出版发行:吉林人民出版社(长春市人民大街 7548 号 邮政编码:130022)

印　　刷:唐山才智印刷有限公司

开　　本:787mm×1092mm　　1/16

印　　张:9.5　　　　　字　　数:136 千字

标准书号:ISBN 978-7-206-21380-9

版　　次:2025 年 6 月第 1 版　　印　　次:2025 年 6 月第 1 次印刷

定　　价:68.00 元

前 言

　　高中教育是基础教育阶段中的最高层次,接受高中教育的学生面临着人生最重要的选择——升入大学还是步入社会。所以,高中教育应该具有独特的教育价值、全新的教育评价标准。高中教育的基本任务是把每一个高中生培养成具有健全人格和基本道德素养的人,使所有高中生都迈向成功的大道。高中教育要面向社会、面向未来,要切实理解人以及学校对于教育人的实际作用。

　　教学工作是普通高中各项工作的中心,要想做好教学工作,必须提高教育教学质量,做到教学管理工作的规范化、科学化和现代化,提高教学管理者自身素质和业务水平,对教学过程的各个阶段和环节进行质量控制,保障其合理、有序、高效地运行。

　　笔者在撰写本书的过程中,借鉴了部分专家和学者的研究成果,在此对他们表示衷心的感谢。随着现代教育技术的快速发展,新的教学方法与思想不断涌现,因此,书中难免会存在疏漏和不当之处,敬请读者提出宝贵意见。

目 录

第一章　高中教育概述

高中教育的发展不仅影响着基础教育质量的水平,同时也影响着高等教育的发展,为了更好地落实高考评价体系,我们需要对高中教育进行概述。

第一节　高中教育的性质与特点

一、高中教育的性质

"高中阶段教育,是国民教育体系的重要组成部分,是衔接义务教育和高等教育的重要环节,具有承上启下的重要作用。"[①]高中教育的特点包括:第一,高中教育是一种普通教育;第二,高中是中等教育的高级阶段。现代社会我国的高中步入了大众普及化的阶段,成为学生步入高等院校或社会必须经历的过渡阶段,是构成终身教育不可缺少的一部分。

二、高中教育的特点

(一)基础性

基础教育是公民为了生存和发展,而向其自身实施的最基本的文化、知识、生存技能的教育。中国的基础教育包括幼儿教育、小学教育、普通中等教育。因此,基础性是高中教育三大基本特征之一。高中教育的基础性包括:适应性、永久性和可再生性。

---

① 李建民."全面普及高中阶段教育"的内涵释要与路径选择[J].教育研究,2019(7):73.

（二）大众性

作为基础教育的一部分,高中教育是面向大众化的教育,接受高中教育已经成为常态。因此,大众性是构成高中教育基本要素之一。近年来,高中教育发展的新思路是:为了充分体现出教育大众化的价值取向,提供多元化的发展模式,尽量为学生提供充分的选择机会。

（三）终身性

高中教育的终身性是从根本上为学生的终身发展打下坚实的基础。因为,学习与工作是相辅相成的,学生的能力是在理论与实践中不断提升的。

第二节　高中教育的功能与价值

一、高中教育的功能

高中教育的功能是指高中教育的功效和职能,它既有自身固有的本体功能,也承载着一定的社会功能。高中的基本职能是为学生的终身发展奠定基础。高中教育不仅要关注人的社会性,同时又必须关注人的自然性和个性。

首先是以升学为导向的教育准备功能。高中教育具有以升学为导向的教育准备功能,需要承上启下,以服务于个体的知识与学业的可持续发展为己任,加大高素质人才队伍数量,为国家建设提供更多的新生力量。

其次是以育人为导向的教育培养功能。高中教育是形成基本国民素质的完成阶段,因为高中阶段的学生在毕业时一般都年满 18 周岁,是一名正式、独立的社会公民,可以以独立的身份参与到社会活动之中,并能够为自己的行为负责。

针对就业,高中教育需要遵循的要求包括:第一,在高中阶段,对学生进行相关的就业教育,使高中生具有职业意识和各自的职业取向;第二,在高中阶段,需要关注社会经济发展的水平。因为社会经济发展的程度对劳动力所掌握的文化程度的要求,在很大程度上影响着高中教育的形态。经济发展与人才培养是相辅相成的,二者互相促进。

二、高中教育的价值

价值是人的需求与满足这种需求所需要的客体属性的交接点。主体与客体是肯定关系。主体与客体决定了价值;同时,价值还会因为主体的能动性,相应地改变客体的历史性。价值所具有的客观源泉和基础都是价值客观性的表现,同时,价值也是将主体性和客观性及历史实践等统一的内核。

(一)工具价值

价值产生于人的实践活动,具有强烈的社会性。[①] 高中教育的工具价值——大学准备、职业准备和社会生活准备,显然是彼此关联、相互融合的。

(二)内在价值

内在价值是一个事物对于自身价值、基于内在标准判断的价值。内在价值体现了事物的独特性。正因有了内在价值,一个事物才能与他物区别,才能存在。因此,高中教育是基础教育的高级阶段、最后阶段。其根本使命是促进每一个高中生的个性发展和每一个高中教师的专业成长。这是对高中教育内在价值的基本概括。

高中教育的内在价值与工具价值相互作用、相互依存,彼此间动态转化,融为一体。工具价值是内在价值实现的条件;内在价值是工具价值发挥的前提;内在价值与工具价值相互转化、动态生成。创造健康、快乐且富有创造性的高中生活,把握今天是对将来最好的准备,不断提高高中教育的社会适应性,让高中生积极参与到高中生活、职业世界和社会生活中,这本身就是促进学生个性发展的过程。

---

① 徐兆兰,郑璐璐,陆洋.近年来我国普通高中教育教学价值研究述评[J].江苏教育研究,2017(31):35.

（三）经济价值

思想政治教育可以为经济发展提供环境，思想政治教育能让受教育者辩证和全面地看待经济问题，并通过科学的分析，让人们拓宽视野，通过树立自己的科学发展观念，让经济和社会的发展具有可持续性和科学性。在思想政治教育的教学内容中，总结出方法论和指导思想，可以形成对经济发展方面的正确认识，并逐渐形成良好的社会环境、心理环境和道德环境。

（四）文化价值

思想政治教育在某种程度上能够满足人民的文化需求，同时促进文化发展，这就是思想政治教育在文化方面的价值。

正面的选择主要是吸收积极的文化，筛选与思想政治教育价值观相同的内容，将这些先进思想纳入教育中，丰富思想政治教育等组成部分，并在后期发展中继续弘扬。

（五）生态价值

生态价值指的是让全民形成环保意识和节约意识，对生态环境也有正确的保护意识，形成科学合理的消费观念，共同营造良好的社会风气，让人们在良好的生活环境下，为生态做出自己的贡献。

思想政治教育在引领生态思潮、促进生态文化创新方面也是重要的推动力。

（六）集体价值

1.强化集体认知

思想政治教育通过让个体认识到自身与社会的联系，来实现个人价值。同时，个人通过培养思想政治素养，逐渐形成了集体的认同价值观和行为准则，通过准则约束集体成员的行为，并通过制定集体共同的发展目标，来确立共同目标的发展规划。

2.集体价值有助于构建和谐的成员关系

集体主义教育包括多方面的内容，主要有：如何处理个人与集体的关系,对他人更理解和包容,集体成员之间彼此团结合作,等等。思想政治教育也采用了多种方式来缓解集体内部的矛盾,解决问题,使集体内部成员关系更融洽。

第三节 高中教育的发展趋势

一、转变教育观念,满足个性化发展

转变教育观念需要学校管理者自身更新教育理念,积极探索出多样化的发展途径,形成有利于多样化发展的氛围。学校管理者要处理好规范与特色化发展、面向全体和尊重差异性等方面的关系。

只有制定科学合理的培养目标,才能探索出各具特色的培养模式,满足不同潜质的学生的发展要求。因为不同类型学校的办学水平存在差异,学生的发展也会有所不同。在此情况之下,学校应结合学生的发展意愿,有针对性地实施分层教学、特色教学,使每个学生都能获得成功。多样化的人才培养模式也呼吁学校培养出能正确认识自身的学生,使学生的学习生活更加有针对性,并能够立足于学生的实际情况制定出学生未来发展的职业规划。①

二、积极探索分层走班制教学,因材施教

走班制教学是指学科班级和任课教师固定不变,学生根据自己所掌握知识的程度和对学科的兴趣,结合教师的建议,自主选择不同层次的班级上课。不同层次的班级教学内容不同,作业和考试难度也不同。走班教学制根据学校的情况而定,可以分为以下两种。

一是教师的走班教学。教师的走班教学便于集中教学资源,解决平时教学中的突出问题。

---

① 安任江.高中教育教学践行与探究[M].贵阳:贵州人民出版社,2019.

二是学生的走班教学。教师可根据学生在学习中出现的共性问题，集中力量开展有针对性地辅导。有些学校就以学生的学科差异为标准组织编班进行课外辅导，从而提高教学效果。

总之，走班制教学既有利于教育资源的重新整合，又有利于调动学生学习的积极性，还可以使课堂教学的弹性得到释放。

三、重视并推动校园文化建设

重视校园文化建设，需要了解校园文化的功能与特点，然后推动高中校园文化建设，凝聚、引领和培养学生。

(一)校园文化的功能与特点

1.校园文化的功能

(1)教育导向功能

高中校园文化中最主要的功能就是教育的导向功能，它可以潜移默化地影响高中师生的身心发展。为了形成高中师生的精神动力与精神支柱，就需要在外在环境中形成积极开放的高中校园文化，深刻启迪高中师生。只有形成一个文化气息浓郁的环境，才能够有效开展高中校园文化建设，从而将高中生培养成为有道德、有素质、有责任、有担当、守法律的优良青年。通过积极建设高中校园的文化环境，弘扬和发挥高中校园的价值引领作用。

(2)理想激励功能

高中校园文化是一种独属于现代的文化现象，其中属于高中师生的理想信念占据了重要地位。现代高中如果要保证自身的生命力、感染力与凝聚力经久不衰，就要培育崇高的理想信念，将其作为高中师生的精神支柱与价值取向。现代高中要想营造文化氛围，创设一个既能彰显主流又能将各种优良个性进行融合的校园环境，需要悉心培育学校中的植物与山石造景等，使师生可以在环境的熏陶下懂得爱校、护校，让师生可以更加努力地学习知识、坚定信念。

（3）凝聚合力功能

高中的校园文化通过塑造理想信念、责任担当与道德准则实现凝聚合力，这些是高中师生在学校的学习生活中实现的。

（4）约束规范功能

高中校园文化的存在一方面可以帮助高中生明晰自身问题，及时纠正错误，积极参与到校园健康良好的活动中来；另一方面还可以引领正确的价值观，激励学生追求理想，以其厚重的文化底蕴，凝聚一股团结协作、开拓进取的合力。学校可以通过良好的校园文化约束高中生的行为；通过道德约束培养高中生良好的品行，其中高中校园内景观景色、日常生活与高中校园特有的文化内涵都会在无形之中约束着高中生的行为，培养他们的良好品行。

高中校园文化具有对学生行为的约束规范功能，其中功能就是指系统与外界环境之间的接触所得到的具体的特性与相应的能力。塑造一种可以辅助指导人行为的潜在动力，可以发展积极、健康的校园文化。[①]

（5）娱乐调节功能

在校园生活中不只是学习，娱乐也占据了相当大的规模与比重。娱乐在校园生活中占据着举足轻重的地位，它不仅可以充当活跃师生日常生活的润滑剂，也能为较为枯燥的学习生活增添一份乐趣，还可以在娱乐过程中提升学生的文化道德与艺术修养，实现寓教于乐的目的。

2.校园文化的特点

（1）平等包容性

高中教育文化形态是一种大气包容的文化，秉承着有教无类的教育思想，遵从人人平等的公平正义精神，适应需求，面向大众，重视平等，为更多青少年提供了优质的教育资源和学习机会，为他们实现人生梦想提供了更加公平而多样的发展平台。高中教育的蓬勃发展，让每个人都有出彩的机会。

---

① 白志峰.追课实录高中数学课堂内外教育教学探索[M].北京:北京理工大学出版社,2018.

（2）审美移情性

高中校园文化从精神、制度、物质所传递的文化信息，体现出高中美感特质，诸如精神的崇高庄严与和谐之美、制度的规范落实和严谨之美、环境的大气厚重和诗画之美，都承载着对高中生审美观的熏陶。通过对美的认知、感悟和欣赏，培养基于道德和价值的审美判断，提升学生对美的鉴赏品质，形成真实而具有审美的人生，是高中文化建设的使命；同时，校园的美感还体现着学院管理者所具有的人文修养。在建设情景交融、诗画一体的育人环境中，管理者所具有的审美设计和以物铭志、养心寄情的审美情怀，都能通过一草一木、一砖一瓦、一房一舍让学生置身诗景，缘景明情，从而得到审美体验。

（3）地域独特性

历史是城市的根脉，地域文化既是地方高中文化建设鲜活生动的源头活水，又是高中文化独具本土魅力的要素。因此，高中校园文化的形成、演进和其内外形态无不打上属地文化的烙印。地方特色文化既丰富了校园文化的内涵，也避免了高中校园文化同质化的倾向。

（4）渐进浸润性

学生在文化熏陶中成长，其思想品行因文化的感染在不知不觉地提升。按照循序渐进的原则，在以文化人的进程中，经由岁月积淀、内化修炼的素养，是通过量变的积累逐渐养成的，并伴随人们终身。从这个角度看，浸润具有建设方法和过程的双重属性。

（5）时代标志性

高中校园文化的时代性是指高中校园文化需要适应时代主题的变化，把握时代脉搏，弘扬时代精神，反映时代旋律。高中校园文化作为中国特色社会主义先进文化建设的重要组成部分，应紧扣时代脉搏、契合立德树人的时代内涵，落实立德树人根本任务，以更加昂扬的姿态迈进新征程。

（二）高中校园文化建设的原则与策略

1.高中校园文化建设的原则

校园文化建设具有系统性和协同性，必须运用整体思维，使校园文化建设的规划设计既自成体系又相对独立。宏观层面,以国家意志为准绳,引领方向;中观层面,科学规划校园文化建设,脉络清晰,规范严谨;微观层面,以班为建设主体,灵活多样,丰富生动。这种自上而下、自下而上的融合与呼应,形成了校园文化的有序、健康、和谐的氛围。

基本原则指开展工作所坚持的法则,是校园文化建设根据一定的观点、思想,从方法、内容、形式上应该坚持的准则与规范。[①]

(1)形神兼备,内外兼修

"形"指培育社会主义核心价值观的多样化形式,包括丰富的内容和多元的载体;"神"指社会主义核心价值观这一灵魂,即将培育和践行社会主义核心价值观贯穿校园文化建设全过程。内外兼修则指从顶层设计到构建校园文化建设的基本框架,从环境文化建设到设计规范,从人才培养方案的制定到课程建设、实习实训的开展,以及文化活动的展示,都必须体现社会主义核心价值观的内化外显。

(2)寓情于景,情景交融

校园文化建设要自觉秉承"一切景语皆情语"的中华传统美学思想,深度挖掘校园文化的价值要素,立足建设现代高中教育的时代要求,遵循开放式、立体化、以人为本的理念,坚持以形载神、情景交融的文化建设原则,着力打造具有诗情画意的校园文化工程,努力营造清新质朴、健康向上的文化氛围,实现环境育人的目标定位。

(3)多维互动,收放自如

多维互动是指文化建设主体自上而下、自下而上地相互呼应,是文化推动的一种组织形式。收放自如是指从客观上对整个文化建设的掌控和驾驭。通过正确处理放与收的关系,使校园文化形态既有统一意志,又百花齐放、多元包容,在自觉遵守主流文化的价值底线中,传递健康、和谐、文明的正能量。

---

① 白华金.教育管理的理论探索与研究[M].长春:吉林文史出版社,2019.

2.高中校园文化建设的策略

校园文化是基于学生健康成长而打造的精神栖息地,它有质朴的信仰与追求,有品德的修炼与砥砺,有情感的培育与熏陶,有审美的提升与体验。因此,思想、方法和情志是校园文化建设的关键,载体是高中文化建设的实现基础,高中教育必须在价值取向、道德观念和文化诉求趋于多元的新形势下,坚守文化方向,选择和培育优质载体,这是文化建设的重要基础。通过营造励志而又清新、有诗意的文化氛围,将生生不息的青春力量与时代精神有机结合,将专业建设与文化建设有机贯通,这是载体建设的关键。

坚持主流性,加强对载体的判断和选择,要把其弘扬主旋律,传播正能量作为重要的价值标准。载体所演绎的文化,要能紧扣时代脉搏,与青春同行,展示最火热的时代生活和最蓬勃的青春岁月。坚持丰富性,从环境建设、课程建设、实习实训、文化活动等方面多管齐下,培养学生的辩证思维,提高他们的价值判断。坚持针对性,不放弃个性追求,就必须找准高中学生思想的共鸣点和关注点,搭建学生喜闻乐见的载体,通过自由、开放、融合的平台展示,通过生动、丰富、多彩而具有教化意义的系列活动,让学生主动感受独特的氛围。

(1)通过环境感知文化

优美的环境可以说是学生进入校园后感受到的一种最直接的视觉艺术,它影响着学生对学校的认识,能对学生产生持续的审美影响。校园的一草一木、一砖一瓦,都融注了教育者的情怀。学生进入高中得到的第一感受就是这所学校的校园环境所带来的。

(2)通过课程教育培育文化

课程是校园文化建设的主阵地,是知识、技能、情感培养和传递的主战场,坚持文道统一,坚持专业文化课与公共文化基础课共融,坚持文化素养提升与职业能力培养一体化推进,是课程文化建设的重点。

①公共基础课与通识教育。公共基础课属于学科体系,能培养学生

良好的品格和高尚的审美意识,以及树立正确的健康观念,用人文精神濡染学生的心灵,最终形成影响其一生并适应岗位迁移需要的通用素养。

公共基础课的育人作用与专业文化的学习既有相同的目标,又有不同的侧重点,它更关注学生个体成长所应具备的健全人格、思维品质、文化修养和审美情趣。它重在让学生在对优秀文化的学习和积累中进行人生意义的思考;对真善美、假丑恶进行评判与辨别;对自然予以关注与敬畏;对人类及自身予以审视与关爱,实现人文素养提升与道德践行的统一。

②教师与文化建设。教师是学校最重要的软实力,是传播文化的重要力量,教师对职业的敬畏,对技能的礼赞,对劳动的尊重,是育人树魂的基础,是其思想、修养、情感、学识、境界的体现。从教育自身的规律看,文化传播更加强调教育者的责任意识,检验着育人者传道解惑的担当、素养智慧的底气、文道并举的慧心。教师的专业化发展是学校特色形成的重要因素。

围绕教师素质的提升和教师教学团队的建设,要求教师主动适应经济社会和产业发展,实现课程内容和教学方法与专业要求的对接,自觉实现专业化发展。学校应高度重视教师的专业成长,长远规划,完善制度,建设一支适应高中教育发展的高素质教师队伍。

(3)通过文化活动传播文化

文化活动应突出主旋律,坚持多样化,并持续深入地开展,这样不仅能为学生提供展示青春风采的平台,更能对学生人格的形成产生潜移默化的影响。同时,开展文化活动还要注重常规性与品牌建设的一体化推进,自觉将常规文化活动与典型文化任务有机融合,既集中展示又贯穿始终,以文化的感召力凝聚学生,让多彩的校园文化活动成为学生的文化追求。

四、构建学校特色课程体系,切实推行素质教育

(一)全面掌握基础知识,开足必修课程

必修课程的设置应关注学生的基本文化素质,追求知识的完整性和

全面性,为学生的一般发展奠定基础。在安排必修课程的内容上,传统的语、数、外都是必修课程的主要内容。此外,技术课程、体育、美术课程等课程也要坚持开设,这些课程的开设充分体现了当前"全面施教"的教育理念。我们应该积极贯彻新课改的思想理念,把促进学生全面发展、培养学生的创新能力的目标落在实处。

(二)落实综合实践课程,培养学生社会交往能力

综合实践课程是我国基础教育课程的新生长点,它基于学生的直接经验,将社会生活密切联系起来,是活动课程的特殊发展形势。综合实践课程是一个独立的课程领域,学校可根据新课程改革的要求,立足本校的实际情况,自主研发、编制实践活动课程的相关资料,引导学生参加各种类型的实践活动。

综合实践课程不仅有助于提高学生的综合实践能力,而且有助于学生人格的塑造。它将学科课程和潜在的课程完美地结合起来,使学生在知识、情感与技能等方面得到了有效提高。

(三)积极开发校本课程,满足个性化需要

校本的内在含义是以学校为本。校本的具体内涵指的是,以优化学校管理以及解决教师日常遇到的问题为重点,综合考虑学校发展的实际状况,最大化地激发学校的发展潜能,更好地利用校园资源优势,不断协商,共同探讨,提出高质量的问题应对方案,开展专题式研究,对问题予以解决。同时,将问题解决的成果进行高质量应用。

校本课程充分体现出校园办学的基本理念和当地的文化特色,是一种具有本体性的课程类型。校本课程是建立在校园定位、资源禀赋、校园生活、文化内容等要素之上的综合课程。从所属层级而言,它属于三级课程的类型。

开发校本课程是为了助力学校更好地实现最终的教育目标,有效解决当前存在的各种教学问题,按照人才培育的基本定位,将能够被开发利用的资源充分利用起来。它需要校园工作者和其他工作人员的相互配合,合作开发。校本课程无论是在课程理念、教师的专业素质还是在职业

发展等方面,对教师的要求都是比较高的。因而,教师更多地参与到校本课程发展建设当中,不仅能够让他们的专业能力不断提升,还有助于地方课程与国家课程的推进与开发。

　　学校要依托校本课程的开发来实现自身的多样化发展。学校应在确保完成必修和选修课程的前提下积极探索,开发出校本课程,满足学生个性化发展的需求。学校在校本课程的设置过程中,应坚持两大原则:一是充分尊重学生的选择,做到无论选课人数多少都坚持开设;二是鼓励教师开设有特色的校本课程,尽可能地为教师提供充足的教育资源,并创造各种平台帮助教师展示课程的研究成果。

　　总之,在新高考背景下的高中教育,要想适应个体和社会发展的双重需要,满足学生发展多样化的需求,就必须对学生进行针对性的教育教学。因此,学校应做到以下几个方面:第一,各校依据自己对教育哲学的理解形成自己的教育哲学;第二,依据自身的条件和所面对学生成长发展的需求自主办学,自主评价,自主管理,有独特的历史传承,并经过特定的人及其自觉自主的办学行为传承下去;第三,由师生秉持精神自主教学、学生恪守做人做事的原则自主学习,逐渐汇聚,达成自洽的学习共同体。

第二章　高中常用的教学与学习方法

第一节　个别化教学法

个别化教学是指在班级授课制的前提下,为适应学生个别差异而采取的有利于学生个性发展的教学形式。在个别化教学形式上主要抓三件事:第一,结合学分制、学术课(职业技能课)的实施,推行特长教育;第二,进行分层教学的探索;第三,进行智能化计算机辅助教学的探索。

高中按照入学考试分数,在尊重学生自愿的前提下,将教学班划分为普通班、综合班、学分制实验班三个层次。三个层次内的班级实行平行分班,公平竞争。这种办学体制已经具备一般意义上的分层教学。

一、个别化教学的组织形式

(一)打乱行政班的分层教学

将整个年级的学生分成3~5个层次(随年级班次多少和学生分化程度而定)形成新的层次班。在某些场合,按层次班组织教学。学生可能在上某一门课时进 A 层,而在上另一门课时进 D 层。至于进哪一个层次班级,主要采用按考分和征求学生意见相结合的方式来确定。

(二)半日制分层教学

采取上午按行政班教学,下午第一、二、三节按层次班教学的方式。一般分为三个层次:A 层为知识提高班,B 层为知识巩固班,C 层为知识补缺班。按此种办法进行分层教学的学科,上午按行政班统一授课,但教学难度略有降低,以保证绝大多数学生能跟得上,下午再进行"分层授课"，确保人人"吃"得饱也"吃"得了。

（三）周末分层教学

每周前五天按行政班统一授课，周六上午进行分层教学，对一周的教学内容进行分层辅导。这种分层教学的组织工作最容易且便于操作，学生的选择性和流动性较大。

（四）随班分层指导

不打乱原行政班，仍按传统的班级授课方式进行授课。但对不同层次的学生要提出不同的教学要求、不同的作业要求、不同的评价标准，再辅之以个别化辅导，采用"异步目标教学"，促进学生全面且有个性地发展，在实践中提升教学质量。

（五）个别化学科竞赛辅导

随着教学改革的不断深入，思维能力的培养已不再是教学关注的唯一焦点。怎样在思维能力的培养中发展学生的个性，竞赛辅导是实现其教育发展功能的良好途径之一。因为学科竞赛活动是整个教学过程的组成部分，也是课堂教学的延续和补充。学科竞赛活动不仅限于选拔几个学习尖子，而且紧密联系日常的教学，促进教学质量和学生各项素质的提高，发展学生的个性特长。竞赛辅导是发挥教育主导作用而采用的必要方法之一。学生在竞赛这样的实践活动中，丰富和积累了大量真实的感性材料，培养了科学的思维方法。

二、个别化教学应处理好四种关系

（一）课堂教学与课外辅导的关系

课堂教学是教学的主渠道，而课堂教学只能依据大纲和课程的标准制定适合全体学生的教学目标。因此，课堂教学无论在知识的拓宽和联系上，还是在能力的训练和培养上，都会或多或少地受到一定的限制。而课外辅导活动可突破这种限制，针对学生的实际水平进行有针对性的辅导，有计划地帮助学生巩固基本知识。同时，又可以根据竞赛内容的要求进行扩展和深化,为学生补充必要的基础知识,让学生自学,培养其学习能力。

(二)知识学习与能力发展的关系

素质教育非常重视学生能力的发展和培养。其实知识和能力的发展是相辅相成的。能力的发展离不开知识,能力的发展主要以知识的学习和传授为载体;同时,能力也不是知识的无限累加,二者都不可偏废。因此在教学中,教师不仅要重视学生基本知识的掌握情况,同时还要根据个性化成才教育的指导思想,通过各种手段和方法提高学生分析和解决问题的能力。教师要注意学生的学习基础和教学现状,既不能停留在日常的教学水平上,混同于普通的教学要求,也不能片面追求"高、难、深",好高骛远,使学生无所收获,从而失去对学习的兴趣和自信心。所以,教师要注意培养和锻炼学生的学习能力,培养其个性特长。

(三)特长学科辅导和综合素质提高的关系

一门学科的成功不仅源于它成功地借鉴了其他学科的方法,而且还在于它创造了一套适应其自身发展的方法。特长学科辅导不但能使学生的科学文化素质和科学思维素质得到发展,同时还能使学生的思想品德素质得到提高。因此,对特长学科辅导要持之以恒、有计划地安排,使学生在不间断的辅导过程中,形成社会责任感,树立正确的人生观,养成实事求是、持之以恒的良好品格,提高综合素质。

三、个别化教学应采用的三项措施

(一)营造良好的竞赛辅导氛围,培养学生的参与意识

特长学科竞赛虽然是少数学生之间的角逐,但如果没有多数人的参与,就将失去其影响力和生命力。在学校课程体制的改革下,每一周每一位学生都有两次必选课和一次任选课的机会。在教师的引导下,每一个班都可抽调15％～20％直觉思维比较好的学生组成特长学科辅导班,派专任教师担任辅导班的教学。同时实验室等多个部门通力协作,专任教

师必须根据学生的具体情况,制订好辅导计划。计划包括:训练的方式、必要的补充辅导资料等。

要使特长学科辅导班的学生所学知识有的放矢,能力训练有章可循,教师在传授知识的过程中,应一半的时间用于知识的讲解,一半的时间留给学生解题和做实验。在传授知识时,知识结构一般都是粗线条式的,不做过多过细的讨论。这样对学生有两个好处:第一,留给学生思考和加工的余地;第二,教师也有时间向学生渗透相应的思想方法。例如,物理模型的转化、采用定性和定量分析等。教师应努力为学生营造良好的学习氛围,培育学生积极参与的良好意识和良好的学习习惯,提高学生的学习主动性。

(二)使知识落到实处,明确能力素质的培养目标

各种能力素质的培养是竞赛辅导的关键,而能力教学目标一般包括手段、内涵和评价方式三种有效成分。教学手段要具有可操作性,内涵要细而不能粗,评价方式要实而不能虚,能力培养目标要有计划地安排。

例如,在物理解题分析过程中,教师可以采用"物理过程多因素拆解分析法"。因为大多数物理问题,特别是综合性强的物理问题往往是物理问题、物理思想、教学方法以及解题技巧等多维度的综合。同时,多维度又有许多影响物理过程的因素。该方法就是对于构成物理题目的多维度分解,在每一物理过程中将影响各维度的若干因素分析,通过"过程启发式"分析物理问题,最终综合分析,给出规范的、有效的解题程序,使知识落在实处。在最初的过程培训中,大都是由教师示范,然后慢慢过渡到由学生自己分析,独立完成,最终许多学生都能分析问题,而且还能对题目进行评价,甚至有的同学还能进行编题。在此过程中,学生的智慧和创造力得到发挥和发展,各种能力素质得到培养和提高。

(三)选择与内容相适应的能力发展模式

不同能力的发展虽有一些共同的处理方式,如以物理知识为载体,以相关能力为依托(如逻辑思维能力与物理归纳、演绎相联系),但其各种能力的发展还是具有其自身的发展模式。

例如,迁移能力的培养模式。迁移能力是思维能力培养中的重要环节,教师要在教学辅导过程中积极引导学生重视不同学科能力间的贯穿和运用。将从物理与语文、化学、数学等学科中学到的方法进行类比归纳,将语言的、字母的、图形的演绎方法类比归纳,总结升华成为自己的一种不分学科的归纳能力和演绎能力,并用之来处理和解决物理问题。

第二节 异步目标教学法

一、异步目标教学的含义

异步目标教学是指根据学生的个体差异(已有的知识水平、学习习惯、思维能力、认识水平等),从学生的实际出发,对学生各个方面(德、智、体、美、劳)及各个学科(必修课、学术课或职业技能课、特长课)制定出切实可行的目标。每个学生的目标都不相同,具有层次性;实现目标的时间及空间不一致,具有差异性。对于学优生,各方面目标应较高;对于学习有困难的学生,目标可稍低一点,并将目标分解为近期目标和中长期目标,使每个学生通过努力都能实现自己的近期目标。

二、异步目标教学的实施

(一)首先要制定好学生的固有差异和个性化的近期目标和中长期目标

制定目标的主要过程可分五个步骤:第一步,全面了解每一个学生的个性心理、行为习惯、学习状态、学习心理、思维特点、基础知识及各个方面的能力;第二步,学生自己初步制定近期及中长期的各方面目标(知识目标、能力目标、行为目标);第三步,教师根据学生个体差异提出个人奋斗目标,有明确具体的目标;第四步,师生共同商定目标,并让学生知道该做什么及如何才能实现目标;第五步,签订目标责任书,增强学生对自我发展的责任感。

(二)教师的教学目标具有层次性、异步性,分层落实目标教学

课堂教学是教育的主阵地,教师课堂教学目标应具有层次性、异步

性,每堂课的设计,既要使学优生能"吃得饱",又要使学困生能够"吃得到"。这就要求教师讲课时有层次性,课堂训练上有差异。教师可将训练分为 A、B、C 三个层次。A 级要求全体学生必做,B 级要求能够做的学生做,C 级要求学优生选做。分层落实,及时反馈,使不同层次学生的思维都能得到训练。

(三)引入竞争机制,实行目标可变性

当学生通过努力,在某一方面的目标已达到,教师和家长要充分给予肯定和表彰,然后经学生同意,制定一个较高的新目标,激励学生努力达到,这就叫"目标渐进法"。同时对两次或两次以上没有达到某项目标的学生,要充分利用"教师的情感效应",耐心地教育,帮助他找出原因,加以鼓励或适当降低目标。

(四)异步目标教学中注意分层次,加强学法指导

帮助学生掌握如何预习、如何看书、如何做笔记、如何听课、如何复习、如何做练习、如何对知识进行归类、寻找知识之间的内在联系等一系列方法。

(五)异步目标教学的考核要符合"异步"的特点

调整评价机制,评价依据根据个人目标来确定,只要达到了预定的目标,不管目标的高低差异,都应该给予同等的表彰和鼓励,在评优、选拔和培养干部上同等对待。这样可调动学困生的积极性,从而激发学困生对获得更大成功的热情。

因此重树学生的自尊、自信,有利于完善学生的人格,激活学生的思维。

(六)异步目标教学需要家长、学生的协同配合,形成合力

首先,要求家长要正确认识自己孩子的现有水平,为孩子制定科学合理的目标,目标不能过高,也不能过低,要使孩子"只要跳一跳,就能摘到果子"。

其次,要求学生要根据自己的实际,实事求是地确定目标,不可好高骛远。

再次,当学生不能达标时,家长、教师、学生都要冷静分析,找出根源,

努力弥补。家长、教师一定要对每一个学生有一种成功的期待感,要充分信任他们、尊重他们,同时要逐步培养学生正确的自我评价能力。

最后,学校教育要形成合力,各任课教师教育要一致。

第三节　过程启发式教学法

高效率的课堂活动应表现在教师引导下的学生主体自觉地、自主地、创造性地学习。学生通过自主学习,掌握知识,形成能力,同时使自己的情感和心理品质得到健康发展。现代教学理论认为:教学过程要回归学生主体,教学活动必须以调动学生的主动性和积极性为出发点,引导学生主动探索、积极思考、生动活泼地发展;注重教学目标的全面性——既重视现代生活、工作中所必需的基本知识和技能的传授,也注重学生自我发展能力的培养,全面提高素质,又发展学生的个性;探索课堂教学过程中教学程序的灵活性、可操作性,使教学形式个别化,教学手段多样化。

一、对"过程启发式教学"的初步认识

皮亚杰认知理论指出:在学习过程中,当人感受到一个新的刺激物时,他就试图把这一刺激物同化到一个原有的图式中去。如果说他成功了,那么与特殊刺激事件有关的平衡就暂时达到了;如果人不能同化这一刺激,那么他会试图通过修改某一图式或创造一个新图式以顺应这一刺激。当完成这一顺应后,对刺激物的同化就继续下去,并达到平衡。而在实际教学过程中,对于学生来说,许多刺激物(教学内容)都是不能被同化而达到平衡的。因此,教师应通过"过程启发",不断地唤起学生头脑中的长时记忆,让学生的刺激物不断被同化,在平衡—不平衡—平衡之间相互转化,达到接受知识、锻炼能力的目的。然而教学过程表明,学生在学习中所遇到的大多数问题同他们所希望或预料的是不一致的,即处于不平衡状态,可见同化和顺应的机理是被动的。学生只有通过自主学习,不断地唤起记忆才有可能将已有的知识,转化为自己的能力,效果也才明显。

布鲁纳的认知理论指出:儿童的认知发展不是刺激与反应结合的渐次复杂化的量的连续过程,而是结构迥异的三个阶段性的质的飞跃过程,

即行为把握、图像把握、符号把握。① 行为把握与人们的直接行为联系起来，促进儿童操作技能的形成；而图像把握则以视觉为主，同时也包括听觉图像。在行为把握中，一个刺激只能产生一个反应，但在图像把握中则可产生两个或两个以上的反应。符号把握是认知活动的最高形式，它是依靠语言符号来表现认知，它可以使人们对问题做出各种变式，从而从逻辑的关系把握事物，认识事物诸要素之间的联系。可见，在教学过程中认真把握事物过程之间的关系，通过"过程启发"，展现事物发生和发展的过程，重现思维的逻辑顺序（或思维关联），从而认识事物的本质，只有这样才能把握各知识之间的联系和区别，促进儿童智力的发展和技能的形成。

奥苏伯尔的学习理论指出：学习是由简单到复杂、由低级到高级的发展过程。他把学习分为接受学习和发现学习两个方面。现代学校教育的具体实际使我们明确，学生的学习应当以意义学习为基本方式，由于时间的限制，课堂教学又以接受学习的方式为主。如何在教学过程中有效地发挥课堂效益，不使接受学习流于机械形式，"过程启发"是一种有效的方法。学生能否获得新信息，主要取决他们认知结构中已有的有关观念。意义学习是通过新信息与学生认知结构中已有观念的相互作用，从而得到知识的更新、能力的发展。这种相互作用的结果，导致了新旧知识意义上的同化。可见"过程启发"就是在教学的引导下，通过学生的自主学习，让学生把新旧相关知识相互链接，从而引发其思考，同化其知识，形成自己的知识结构，完善其认知结构。②

二、"过程启发式教学"的现实意义

（一）培养学生综合能力的需要

利用"过程启发"可以给学生提供许多学习的事实和材料。通过自主学习，学生可以在"过程启发"的基础之上展开自己的想象去分析、归纳、概括现象的本质，抽象并总结出相关的学习理论，把形成的理论再用于实践去验证，从而掌握知识，培养能力。在这一过程中学生有许多独特的、

①　周兴国，段兆兵，朱家存.课程与教学论[M].合肥：中国科技大学出版社，2012.
②　陈昊.地理教学的时间管理研究[M].镇江：江苏大学出版社，2016.

新颖的想法产生,有利于创新能力的培养,这也符合高中生的认知规律:自我发现—自我总结—自我验证—自我应用。

(二)过程启发式教学是学生的情感体验的需要

法国著名的数学家迪厄多内认为,富有创造性的科学家的与众不同之处在于,他们对所研究的对象有一个活生生的构想和深刻的理解,而活生生的构想源于所学的、可传视的、可形式化的知识同思维场的联系。因此,思维是靠启迪,而不是靠传授;能力的培养是要靠学生自己在学习过程中形成,而不是靠传授。只有通过自主学习,学生才会全身心地投入,使自己的认知、情感、意志和行为达到高度的统一,达到科学与人文的统一。

(三)过程启发式教学是学生自身发展的需要

国际 21 世纪教育委员会的报告《教育——财富蕴藏其中》将"学会认知、学会做事、学会共处、学会生存"作为教育的四大支柱。美国未来学者托夫勒在《第三次浪潮》一书中指出,未来的文盲不再是不识字的人,而是没有学会学习的人。在新知识增长迅速、信息量迅猛扩大的今天,试图什么都知道已成为不可能实现的客观现实。自主学习就是要求学生在自我解决问题过程中学会学习、学会做事,从而达到"授人以鱼,不如授人以渔"的教学效果。

(四)过程启发式教学是改变现代课堂教学的需要

从现代认知心理学的角度来看,一般的学习可分为三个层次:一是概念的学习,通过概念的形成过程来了解事物的性质;二是规则的学习,懂得概念与概念之间的联系,即事物变化之间的规律;三是问题解决的学习,即运用概念和规律来解决问题,其目的是发展运用科学知识解决实际问题的能力。这是一般知识掌握与技能学习的根本区别,它包括了发现学习、探究教学和启发式等教学方式的相关内容,具有所要解决问题的一般性的、社会性的意义。过程启发式教学可以改变传统的教学,以重视培养学生的创新意识和创新能力为目的。

三、过程启发式教学模式的实施过程

课堂教学不仅向学生提供广泛实用、便于学习的知识,还包括思维方式、研究方法的培养和科学家探索发现这些知识的坎坷经历、经验教训，以及反映出来的科学态度、高尚人格、崇尚创新、不懈探索的科学精神等组成的科学文化体系。课堂教学就是要完成学科本身所给予的本学科的知识学习和科学文化教育任务。过程启发式教学模式为完成这一任务提供了可能，其教学模式有以下几个方面。

（一）创造氛围

学习过程实际上就是一个认知的过程，是学生个体在与世界相互作用的过程中认识物质世界，使学生自己的知识结构发生变化的过程。如果学生一开始就能获得一个成功的喜悦，这对其下一步学习会很有帮助。良好的成功氛围是引导学生继续学习和深入研究的基础。

（二）创设问题情境，增强解决问题的内驱力

内驱力是学生学习必不可少的一种内在动力。认知内驱力是指学生渴望认知、理解和掌握知识，以及陈述和解决问题的倾向，它发端于学生的好奇心；自我提高内驱力是反映学生要求凭自己的才能和成就得到相应地位的愿望；附属内驱力则是外部动机，指得到教师和同学以及家长的赞扬。根据以上认识，在教学过程中，创设问题情境是增强内驱力的有效途径之一。

（三）建构知识架构

建构知识架构是人们为了方便研究问题和探讨事物的本质，对研究对象所作的一种简约化的描述或模拟，在众多问题的解决过程中起着举足轻重的作用。在建立建构知识架构的过程中，通过教学的过程启发学生的自主学习，这对培养学生的创新思维能力有很大帮助。因为在建构知识的架构过程中，要把新问题转化为语义丰富的问题，空洞的头脑是不可能进行思维，也不可能进行自主学习的。把新问题转化为语义丰富的问题，即在问题解决中将新问题转化为自己已有的建构知识架构（或构建新的建构知识架构），使问题得到解决。这样可使学生的综合能力得到充分的锻炼和发展。

（四）学生的自主学习

自主学习是知识建构中的一个重要过程，只有通过学生的自主学习，

知识才能掌握,与之相联系的各种能力才能得到锻炼,情感才会得到体验。教学过程中应教会学生一般的探索方法。

(五)注重元认知体验

元学习理论认为,人是积极主动的有机体,人能够计划未来,监视现在,有效地调节自己的学习过程。"过程启发,自主探索"就是在教学过程中通过教师的不断引导,学生主体的自我调控而达到培养学生综合能力的目的。在自主学习过程中,学生可以根据教师所创设的教学环境,选择更为恰当的学习方式、方法,充分调动学习的主体性、自觉性、创造性,发挥主体作用,从而增进学习效益。同时,这也是培养学生的自主精神、创造个性、奋斗精神和责任感的重要途径。元认知培养的途径如下。

1.学习过程中的情感调控

学生在学习知识时,对概念、规律、方法等有着不同的态度和复杂的内心体验。学生学习顺利时,会感到满意、愉快和欢乐,就能够思路开阔,思维敏捷,问题解决迅速;学生学习失败时,会感到烦恼、焦虑,从而思维受限,无创造性。因此,对学生出现的问题,教师要认真引导学生,帮助学生正确认识自己的思维风格、思维特点、思维能力,从而明确哪些方面有待加强和提高,明确努力方向,让学生保持积极、主动学习的良好心态,始终以愉快的心情进行知识学习。

2.学习目标的自我设置

布卢姆的掌握学习理论认为,绝大多数学生在适当的条件下都能达到掌握学习的要求,影响学生学习的因素主要是学习时间的多少和学习速度的快慢。因此,教师要引导学生认识问题的难易程度,调节学习内容的深度、广度、学习速度、理解知识的层次,从而培养学生的判断能力。

3.学习的自我调节

自20世纪70年代以来,教育发展的一个重要思想就是要体现学生学习的主体性,课堂的教学形式要具有开放性。在课堂教学过程中,要想让学生由"被动学习"变为"主动学习",教学内容要与现实生活相结合,适应社会发展的需要。学生通过自己的独立阅读、实验,从而获取知识;通过丰富多彩的活动(如观察、实验、思考、讨论、争辩等),从而掌握解决问题的方法和方式,形成能力。

4.学习过程中的自我评价

学生在自我评价过程中,一方面,要正确认识自己、了解自己的学习进展情况;另一方面,要有认真、负责的态度,使自己更积极地投入学习中去。

(六)探索求新,使问题具有延续性

把问题的探索和发现、解决问题的过程延续到课外或后续课程的学习中,使问题不断延续,从而激发探索欲,这是过程启发式教学模式的进一步延伸。为使问题的探索达到提高教学有效性的目的,必须改革现有的课程体系和传统的教学方法。

第四节　探究性学习法

探究性学习也称为发现性学习,其本质体现在三个方面:第一是问题性。问题是发现性学习的起点和主线,也是发现性学习的归宿。发现性学习是以问题为中心的学习,问题是这种学习方式的核心,能否提出对学生具有挑战性和吸引力的问题并使学生产生问题意识,是进行发现性学习的关键。第二是过程性。现代教育心理学研究指出,学生的学习过程和科学家的探索过程在本质上是一样的,都是一个发现问题、分析问题、解决问题的过程。这个过程一方面是暴露学生各种疑问、困难、障碍和矛盾的过程;另一方面是展示学生聪明才智、独特个性、创新成果的过程。正因为如此,发现性学习强调过程,强调学生探索新的经历和获得新的体验。第三是开放性。发现性学习是一种开放性的学习,其特点是学习目标整体化、学习过程个性化、学习评价多元化。发现性学习注重知识,更注重能力;注重认知,也注重情感体验,其目标具有开放性。发现性学习强调富有个性的学习活动过程,关注学生在这一过程中获得的丰富多彩的学习体验和个性化的创造性表现,其过程具有开放性;发现性学习的评价强调多元价值取向,不仅允许对问题的解决可以有不同的答案,而且鼓励学生独辟蹊径,其评价具有开放性。探究性学习或发现性学习是体现学习的真正价值,实现有意义学习的一种重要的学习方式,因此倡导探究性学习是新课程改革的一个基本要求。[①]

一、探究性学习的特征及要素

(一)探究性学习的特征

它的特征有实践性、参与性、开放性、创造性、过程性、深层次的兴趣、深层次的思维。

(二)科学探究的基本要素

科学探究不仅涉及提出问题、猜想结果、制订计划、观察、实验、制作、收集证据、进行解释、表达与交流等活动,还涉及对科学探究的认识。

二、探究性学习的操作要求

第一,在学生进行合作探究的过程中,为了促进探究活动的深入,教师要发挥好"促进者"的作用。一方面,教师可以提出能启发学生深入思考的问题;另一方面,教师可以提出不同的(或反面的)意见,来激发学生的思维活动。

第二,在学生进行探究活动时,教师需要发挥更为重要的作用。在学生对探究活动的程序和方法还不熟悉时,教师可以为学生提供必要的指导说明,比如可以提供探究活动过程的大致框架或提示清单,说明进行某种探究活动的大致过程,但不要用固化的模式限制学生的探究活动。

第三,培养学生的问题意识。教师要逐步培养学生发现问题与提出问题的能力,将学生的兴趣转化为适合探究的问题,创设情境,激发学生提出问题的兴趣,然后逐步放手让学生自己提出问题,最后实现由学生独立提出问题。

第四,促进小组成员之间建立积极的合作探究关系。给小组设计富有特色的队名,确定小组学习的共同目标,进行角色分配,使每人的角色

---

① 李睿.高效课堂之道[M].成都:四川大学出版社,2021.

互补,并建立小组之间的竞争机制。

三、研究性学习的实施策略

研究性学习是探究性学习的最高形式,是有计划的、完整的、持续时间较长的探究活动。

(一)研究性学习实施的组织形式

研究性学习有多种组织形式,主要有个人独立研究、小组合作研究、全班集体研究等形式。

研究性学习应该较多地采取组成课题组的方式进行,以小组合作的形式展开研究活动。课题组可以由同班同学自由组合而成,也可以由跨班级、跨年级的研究问题相近的同学组合而成。课题组一般由 5~7 人组成,学生自己推选组长,聘请有一定专长的本校教师和校外人士为导师。研究过程中,课题组成员有分有合,各展所长,协作互补。

个人独立研究时,一般先由教师向全班学生提出一个综合性的研究专题,然后由每个学生自定具体题目,并各自相对独立地开展研究活动,用一段时间完成。

采用全班集体研究的形式,全班学生需要围绕同一个研究课题,通过分工合作收集资料、开展研究活动。通过几次全班集体讨论和展示,分享信息和个人的创意,进行思维的碰撞,由此推动学生在原有的基础上深入研究。

采取小组合作研究和全班集体研究的形式,要以个人的独立思考和认真钻研为基础,强调集体中每个人的积极参与,做到"人人有事做,事事有人做",避免出现"少数人做,多数人看"的现象。采取个人独立研究的形式,则要引导学生经常主动地与他人交流探讨,学会信息和资源共享。

(二)研究性学习的实施流程

1.准备阶段

动员学生、教师、家长参与,提供相应的知识背景开设学术讲座,进行科研方法指导,组织专门的管理体系,成立领导小组、专家小组和研究性学习教研组。

2.选择和确定课题阶段

让学生学会观察,从观察记录中挑选出你最感兴趣的问题,然后针对这一问题去做一些资料收集工作;也可以去询问有关教师和专家,从他们那儿得到更直接的指导。其目的是确认该问题转化成课题的可行性。课题题目的选择和确定是至关重要的。不要把课题定得太大,能在一年左右完成的课题是比较好的课题;也不宜做太难的课题,因为进行研究性学习的主要目的在于过程,而不完全是结果。

(1)学生选题。学生根据自己的兴趣、特长和发展趋向,通过查找有关资料提出课题,填写学习选题意向表。学校收集学生选题意向表,归类整理,经学校的专家组审议后,统一汇入研究性学习课题库中。然后,学生根据学校的课题库,选择自己感兴趣的课题或主题。

(2)教师选题。全校教师根据学生选题结果结合本学科、本年级确定研究的主题,对所选课题进行备课,写好备课卡。

(3)组建课题组。按照学生意向分组,课题研究的组织形式主要有个人独立研究和小组合作研究两种,以小组合作研究为主。每组5~7人,由学生自己推选研究能力和组织能力较强的同学担任组长,聘请与研究课题相关的校内教师和校外专家为课题指导教师,以小组为主、个人为辅的形式开展研究。个人独立研究则可由学生根据需要选择指导教师,独立开展研究。

(4)确定课题研究方案。学生和指导教师见面,师生对课题进行沟通。学生小组查阅资料、访问有关人士等,确定自己具体的研究课题。教师和学生一起讨论学生小组的课题,并指导制定课题研究方案和研究计划。教师根据与学生讨论的结果,撰写指导各小组研究的教案。制定研究性学习活动方案的过程,是发展学生规划和组织能力的过程。教师应充分放手让学生自主制定活动方案或研究方案。只有学生自主制定了活动方案,他们才能更加明确开展研究性学习的意义和价值。

研究性学习的活动方案包括:活动的主题或课题、课题的提出、课题的界定、研究的内容和目的、研究的方法、研究对象及措施、研究的具体过程及成果形式、研究人员及任务分工、保证条件。[①]

3.课题论证和开题

年级组织开题论证会,提出开题论证的有关要求,由指导教师主持,对每个小组的课题研究方案、研究计划进行论证,不合格的小组需重新准备后再通过开题论证。

4.研究实施阶段

通过实践体验,形成一定的观念、态度,掌握一定的方法。本阶段中,学生实践、体验的内容包括在开放情境中主动收集和处理文献资料或研究素材;小组合作与各种形式的人际交往、沟通,要以科学的态度解决实际问题,从一定角度认识环境、了解社会、发现自我等。

(1)学生按课题研究方案,自主开展研究活动,并认真规范地填写相应表格。

(2)指导教师至少每周指导学生3课时。教师通过与学生的交流和小组活动记录,随时了解并评价每个小组以及每个学生的研究情况,提供有针对性的指导,并认真填写相应的指导手册和日常考核表。

(3)每个学生要随时将研究情况与各方面的收获记录在学习手册中。

5.处理结果与撰写研究报告、论文

学生要将自己或小组经过实践和体验所取得的收获进行整理、加工,形成书面材料和口头报告材料。

(1)学生以小组为单位,对收集到的资料信息进行分类、归纳、整理和提炼,确定总结的内容,选择最合适、最能反映研究成果的形式,如展板、课件、论文、视频、演讲等。

(2)成果形式不拘,格式要求规范,内容要求具体,鼓励创新。

(3)学生以课题小组为单位完成小组研究成果,其中包括研究报告、研究体会、资料索引、研究过程、原始资料等材料。

(4)研究报告内容包括选题意义、研究经过、论据和结论、效果分析,

---

① 王柏毅.智慧教育管理与关键技术研究[M].长春:吉林大学出版社,2019.

并附资料索引。

6.课题成果展示、交流

成果的表达方式要多样化,除了按一定要求撰写研究报告、调查报告以外,还可以通过开辩论会、开研讨会、办展览、出墙报、编刊物、制作网页等方式加以表达。学生通过交流、研讨与同学分享成果,这是研究性学习不可缺少的一个环节。在交流和研讨中,学生要学会理解和宽容,赞美与分享。

7.结题答辩报告会

(1)答辩按研究专题分类,一个专题下的各相关课题在一起答辩。

(2)答辩时间:每组20分钟(10分钟陈述,10分钟提问讨论)。

(3)答辩程序:首先,小组代表陈述本组研究内容、研究经过及取得的成果;其次,小组代表作英文摘要陈述;最后,小组成员回答答辩教师组的指导教师和专家的提问,专家组点评。

(4)答辩后由答辩组的指导教师和专家进行评议,并填写答辩记录表。

8.教师、学生成绩评定

(1)学生根据评价表自评,并呈交个人《研究性学习手册》及有关的材料。

(2)学生小组展开互评,评出每个学生的等级。指导教师负责汇总,将开题论证成绩、学生平时成绩和答辩成绩统一汇总,根据学校规定的不同权重,对每个学生做出最后的成绩评价。

9.教师、学生总结

教师主要总结指导研究性学习过程中的得失,提炼成论文进行交流,以便逐步提高自身的指导能力;学生主要总结完成课题中的得失,重点是方法性和情感态度方面的,以便更好地指导后期的研究性学习和今后的发展。

(三)研究性学习中教师指导的主要内容

研究性学习是一种全新的学习方式,要求指导教师在基础知识、科研方法、科研思维和心理素质等方面加强指导。

1.基础知识指导

基础知识指导包括科研基础知识指导、专业背景知识的介绍和学科知识的渗透。基础知识指导应着重教会学生获取知识,并运用所学知识开展研究,不要把课题中所需的知识材料直接提供给学生。

2.研究方法指导

研究方法指导包括常用科研方法介绍、资料收集、分类指导和科学性指导等。

(1)向学生介绍一些常用的科研方法,如观察法、实验法、类比法、案例分析法、社会调查法、数据统计法等。其中,社会调查法包括抽样调查法、问卷调查法、街头观察和采访、现状调查法、发展性调查法、相关性调查法、因果关系调查法等。

(2)资料收集和分类的指导,在资料整理与加工方面对学生提出较高要求,如分装统一的研究性学习档案袋,必须制作一份完整的资料目录,资料规格要统一,并按一定标准分类。特别是在实施阶段,更要对资料及时地整理和筛选(每周一次),去粗取精、去伪存真,以便资料的保管、查阅、分析提炼和查漏补缺。另外,研究性学习注重学习过程,注重学习过程中学生的感受和体验,因此要求学生及时做好活动记录、感受和体验记录。

(3)在科学性指导上,要求学生注意三个方面:一是资料来源的可靠性,如要求学生对每份资料写出详细、可靠的信息来源,概念要在查阅辞典、百科全书后做出准确的界定等;二是研究程序的科学性,如抽样调查时,要按一定的科学程序进行,尽量做到调查结果的客观;三是结论的科学性,如分析推理要合理,结论要经得起推敲和检验等。[①]

3.思维方法指导

培养学生科学创新的思维能力是研究性学习的最终目标之一。要十

① 楚红丽.中国教育管理哲学[M].北京:中国经济出版社,2019.

分注重在研究性学习过程中转变学生的传统思维方式,提高学生主动发现问题、分析问题、解决问题的思维能力,培养学生的批判精神和创新精神。在实施指导过程中,遵循循序渐进的教育原则,先让学生尝试运用,然后是经常运用,最后是习惯运用一些科学创新的思维方法(如求异思维、发散思维、类比思维、辩证思维)去思考和解决问题。

4. 心理素质指导

研究性学习的特点是社会实践性,要求学生走出校园,走向社会,去关心社会发展、关注社会问题,并尝试解决自己研究的社会问题。在陌生的社会环境中缺乏实践经验和心理承受能力较差的同学受到挫折后容易心灰意冷。所以在研究性学习实施过程中要加强几个方面的心理指导:一是对学生进行挫折教育、意志力教育,以培养学生耐挫力和意志力;二是通过对社会问题的研究活动,发展学生对社会的责任心、使命感以及关注社会的人文精神;三是通过对集体成果的评价让学生学会合作,发展学生在学习生活和社会生活中乐于合作、善于合作的团队协作精神;四是通过主动探究的实践活动,使学生获取亲自参与研究、探索的积极情感体验,培养学生主动求知、乐于探究的心理品质和勇于创新的精神。

(四)研究性学习实施的主要模式

1. 文献研究模式

文献研究模式主要是根据课题研究的内容,查找已有的文献进行深入的研究。文献是前人留下的珍贵的文化遗产,但有的文献由于受到时空的限制,在新的时空背景下可能会表现出很多问题,这就给研究性学习带来了研究课题的突破口。

2. 实验或观测模式

实验或观测模式主要通过科学实验或科学观测来获得数据和进行研究、学习。在现实生活中许多可探究的事件都需要用可行的数据来表示,这样才能清晰地展示其科学真实的面貌,以及组成事件的要素之间具体的关系。

3.调查研究模式

调查研究模式主要是在开展比较广泛的社会调查和资料分析基础上再进行深入研究。这一模式由两个步骤组成,即先进行调查,再分析调查结果,这样能培养学生的综合素质。

4.辩论研讨模式

辩论研讨模式主要是建立几种不同的论点或观点,再组织相互讨论辨析的研究。让学生通过一定的辩论来深化理解,进行探究,并由此得出结论。学生要在辩论前做好调查、资料整理、讨论提纲等准备工作,在辩论后还需要做总结,使其成为课题研究的最终成果。

第五节　自主学习法和合作学习法

一、自主学习

我国学者余文森认为,自主学习的重要含义,首先就是主动学习。主动性是自主学习的基本品质,在学生学习活动中表现为"我要学"。具体来说,学生会有两种表现:一方面表现为学习兴趣,学生有了学习兴趣,学习活动对他来说就不是一种负担,而是一种享受、一种愉快的体验;另一方面表现为学习责任,只有当学习的责任真正地从教师身上转移到学生身上,学生自觉地担负起学习的责任时,学生的学习才是真正的自主学习。其次,自主学习也是元认知监控的学习,突出表现在学生对学习的自我计划、自我调整、自我指导和自我强化上,即在学习活动前,学生能够自己确定学习目标、制订学习计划、选择学习方法、做好学习准备;在学习活动中,学生能够对学习过程、学习状态、学习行为进行自我观察、自我审视、自我调节;在学习活动之后,学生能够对学习结果进行自我检查、自我总结、自我评价和自我补救。培养学生对学习的自我意识和自我监控,并养成习惯,是促进学生自主学习的重要因素。可见,自主学习能够使学生为自己负责,并积极主动地完成学习任务。[①]

(一)自主学习的特征

自主学习的特征有:学生参与学习目标的提出;自己制定学习进度;学生参与设计评价指导;重视发展学生的各种思考策略和学习策略,在解决问题中学习;学习过程中,有情感的投入,有内在动力的支持,学生能从学习中获得积极的情感体验;学生对认知活动能够进行自我监控,并做出相应的调适。

(二)自主学习的表现

在学习动机上,自主学习的动机往往存在于学生学习活动的过程中或内在于学生的自我知觉中。学生会通过自己设定目标、对自己的胜任能力进行判断、寻找自我价值感等来激发自己的学习动机。

在学习方法上,自主学习表现为学生有意识、有计划地使用自己特有的学习策略。有时候这种意识和计划已经内化为学生的自觉化行为,学生不必思考就能够自如地调动这些学习策略为自己的学习服务。

在学习时间上,自主学习表现为学生能够自己计划、管理时间,能够自我约束,合理安排时间,以达到较好的学习效果。

在学习结果上,自主学习表现为学生对自己的学习结果有清醒的认识,对自己的学习效果,能够进行自我监控,自我判断,并根据学习任务的要求做出相应的调整。

在学习环境上,自主学习的表现是学生对学习情境中所出现的各种信息很敏感,能够做到随机应变。

二、合作学习

合作学习的主要活动是小组成员的合作学习活动。它首先要制定一个小组学习目标,然后通过合作学习活动对小组总体表现进行评价。合作学习的展开,是在自学的基础上进行小组合作学习、小组内讨论。合作学习的另一种形式是在小组合作学习的基础上进行全班交流和全校

---

① 褚蝶花,黄丽芳,朱丽娜. 教育管理与教学艺术[M]. 北京:中国原子能出版社,2017.

交流。

合作学习对学生的学习和认知有积极的意义。首先,合作学习能够激发创造力,有助于学生的合作意识和合作技能的培养。其次,合作学习有利于学生之间的交流沟通,培养团队精神,凝聚人心,增进学生之间的认识与理解。学生背景不同、经历不同,对事物的看法也迥然不同。通过合作学习的方式,可以让学生有更多的机会说出自己的想法,了解彼此的观点。最后,合作学习促使学生进行不断地自我反省。合作学习过程中的交流与协作,能够让学生清楚地看到各种观念的优越性与不足之处,可以帮助学生对不同观念做出比较。

(一)合作学习的特征及要素

1.合作学习的特征

合作学习的特征包括:第一,成员之间相互支持、配合、补充,促进互动;第二,成员承担共同任务中个人的责任,小组对个人完成的任务进行加工;第三,成员能彼此沟通,相互信任,有效地解决组内冲突;第四,成员会对共同活动的成效进行评估,寻求提高其有效性的途径;第五,自信与创造,成员能个性化地表达自己的思想,尊重与欣赏他人,善于倾听他人的观点;第六,成员间互相碰撞,拓展思维,形成共识。

2.合作学习的基本要素

合作学习的基本要素包括:第一,相互依赖;第二,个人责任;第三,社交技能;第四,小组自评;第五,混合编组。

(二)合作学习的操作要求

开展合作学习的基本操作要求如下。

1.小组成员有合作意识、有责任感

每个人都要为所在小组其他同伴的学习负责,每个成员都必须承担一定的任务,小组的成功取决于所有组员个人的学习。

2.学生掌握必要的社交技能

高中阶段学生必要的社交技能可以归纳为三种类型:第一类是组成

小组的技能,包括向他人打招呼问候、自我介绍和介绍他人等;第二类是小组活动基本技能,包括表达感谢与应答感谢、注意听他人讲话、鼓励他人参与及对鼓励参与的应答、用幽默的方式帮助小组继续活动等;第三类是交流思想的技能,包括提建议及对建议的应答,询问原因和提供原因,有礼貌地表示不赞同及对不赞同的应答,说服他人等。

3. 定期自评

为了保持小组活动的有效性,合作小组必须定期评价小组成员共同活动的情况。小组自评的目的是帮助成员学会怎样更好地合作,主要讨论三个方面的内容:第一,总结有益的经验;第二,明确发展的方向和目标;第三,在总结经验和分析问题的基础上,小组全体成员共同制定出本组今后的活动方案,明确在以后的小组活动中应当达到的目标,以及如何达到目标。

4. 混合编组

所谓混合编组就是在组建合作学习小组时,教师应当尽量保证一个小组内的学生各具特色,能够相互取长补短,即小组成员是异质的、互补的。

5. 教师要教给学生一些合作沟通的技巧

合作技巧对于有效地进行合作学习非常重要。常用的合作技巧有很多,例如,批评对事不对人;描述自己所了解的内容,不急于对别人的观点作判断;针对具体事例,而非抽象观念进行讨论;进行角色转换,除去自我中心,整合不同观点等。教师通过示范、让学生进行角色扮演或自由表达等方式,以确定学生是否理解了合作技巧。教师要安排适当情境,提供学生进行合作技巧的练习机会,让学生每次练习一两项,待熟练后,再练习新的合作技巧。

第三章　高中教学管理的基本介绍

第一节　高中教学管理的目标

目标是领导管理活动的出发点和归宿。认识和掌握教学管理目标，是对学校教学工作进行科学管理的必要前提。

一、高中教学管理目标的含义和意义

(一)高中教学管理目标的含义

所谓目标，是指想要达到的境地或标准。高中教学管理目标，就是学校通过对高中教学工作的管理所要达到的境地或标准。高中教学管理工作，包括很多方面，如对教学工作的组织安排；对教学物质条件的准备和使用；对教学效果的检查和评估以及编班、排课表、管理学籍等行政工作。将这些工作做到令人满意，让开展的活动取得最佳效果，就是高中教学管理所要追求的目标。总的来说，高中教学管理目标就是高中教学管理者通过对高中教学主体和客体的管理（主要是合理地组织安排人力、物力、财力），充分发挥其积极作用，以提高高中教学效益和教学质量，最终达到学校的培养目标。

(二)高中教学管理目标与教育目标的关系

学校的教育目标，就是指把学生培养成什么样的人。它是学校一切工作的指导方针，学校的所有工作都必须服从和服务这一目标。

高中教学管理工作是学校工作的重要组成部分，高中教学管理目标是衡量学校高中教学管理工作优劣的标准和尺度。毫不例外，它最终也

必然服从和服务于学校的教育目标。由此可见,高中教学管理目标和教育目标之间有着内在的必然联系,二者是相一致的。高中教学管理目标的确定,是以学校的教育目标为主要依据的,并且这一目标服从和服务于教育目标,而学校教育目标的达到,又是以高中教学管理目标的实现作为重要前提。

(三)确定高中教学管理目标的意义

高中教学管理目标的确定,对于实现党和国家规定的教育目标,提高学校教学管理的水平,调动教职员工的积极性都有着十分重要的意义。

1.制定高中教学管理目标是实现党和国家确定的教育目标的有效途径

党和政府根据我国的实际情况所确定的教育和培养下一代的战略目标,是学校一切工作的出发点和归宿。学校的主要工作就是教学工作,如何通过教学培养出一代有理想、有道德、有文化、有纪律的社会主义建设者和接班人,这与高中教学管理有密切的关系。那么,高中教学管理工作到底要做到什么程度,沿着什么轨道前进,达到何种状态才能实现党和国家规定的教育目标,这就要求每个学校要根据自己的实际情况,制定出高中教学管理目标。有了它,才能够引导全校师生沿着正确的轨道前进,实现教育目标。

2.制定高中教学管理目标是提高学校教学管理水平和管理效能的重要手段

目前,高中实行的是校长负责制的管理体制。制定高中教学管理目标,就是要求从校长到教职员工都按照自己的职责,有效、协调地共同完成高中教学任务。

学校的教学管理目标,在实行过程中,要进行目标分解,逐层落实,把每个人的工作目标与学校的教学管理总目标结合起来,让所有人的工作目标紧紧围绕着总目标而展开,形成目标连锁体系,使每个成员都清楚地了解自己在目标管理中应该做什么，做多少，什么时候去做，应该达到什么标准。这样，才能在整个高中教学管理过程中，做到事事有人管，人人有专责，办事有标准，检查有依据，克服过去那种办事靠个人主观意志、随意性大的不良现象，从而提高管理水平。与此同时，学校要制定出一个明确、具体、切实可行的高中教学管理目标，才能正确引导学校每个成员沿着正确的轨道前进，提高工作效率以及整体的管理效能。一般说来，目标方向正确，工作效率就高，管理效能就好。如果目标方向错误，工作效率就低，管理效能就差。因此，学校管理者不能只停留在简单地制定高中教学管理目标的水平上，而应该追求一个符合实际的、正确的高中教学管理目标，从而有效地提高工作效率和管理效能。

3. 制定高中教学管理目标有利于调动教职工的积极性、主动性和创造性

高中教学管理目标是由学校管理者与全体教职工共同讨论、研究制定的。现代管理心理学研究表明，教职工在目标管理决策中的这种参与感，以及他们在目标制定中所具有的发言权，使得他们的自尊心得到了满足，从而大大激发起他们对工作的积极性、主动性和创造性，促使他们以主人翁的姿态满腔热情地投入工作中去。与此同时，由于高中教学管理目标的制定是以全体教职工为对象，以提高他们的工作能力和抱负为中心的，因此在目标分解，把职责和任务落实到个人的时候，就要求每个教职工在接受任务、制定个人目标的过程中，应该努力反映出自己的工作能力，充分发挥自己的聪明才智，加强自我目标管理，强调个人工作的实绩。这样才能有力地促进教职工工作能力和政治、业务素质的提高。

二、高中教学管理目标的制定、实施与评估

（一）高中教学管理目标的制定

制定目标是主客观条件的统一过程，即主观的需要、主观条件与客观环境的有机结合。因此，在制定高中教学管理目标时，必须注意以下

几点。

1. 要以党和国家规定的学校教育的培养目标为依据

实现学校教育的培养目标,是学校的各项工作、各个部门共同的目的和任务,而制定和达到高中教学管理目标,是为实现学校教育的培养目标而服务的。所以,制定高中教学管理目标不能与教育培养目标相违背。

2. 要以科学理论为指导,以对未来预测为根据

科学理论可以帮助学校管理者认识到在高中教学管理中,应做什么,不应做什么,使其制定的目标科学、合理,使整个高中教学管理工作能按照教学规律健康地向前发展。因此,学校管理者要认真学习理论,提高自己的理论水平。同时,由于目标是指向未来的,即目标要有预见性,所以,这就要求学校管理者,以科学理论为指导,在广泛调查研究的基础上,运用各种科学手段,对未来的发展趋势进行预测、判断。只有以科学理论为指导,在对未来进行有效预测的基础上,才能制定出适当、合理的高中教学管理目标。

3. 要从学校的主客观条件出发

学校的主客观条件,包括人力(师资力量、水平)、物力(校舍及教学设备)、财力(国家拨给及社会筹集的教学经费)、环境因素与办学基础等。要在进行工作基础分析、条件分析、潜力分析的基础上定出既充分发挥优势,又针对薄弱环节且略高于现有能力的目标。高中教学管理目标既不能脱离实际,盲目拔高,也不能思想保守,因循守旧,要根据本校的特点条件,高瞻远瞩,充分挖掘潜力,这样才切实可行。

4. 在制定高中教学管理目标的过程中,必须广泛发动群众参与

在制定高中教学管理目标时,应由高中管理者根据各方面的情况要求,提出总体设想,然后交给群众讨论,在广泛听取他们意见的基础上再做出决策。只有广泛发动群众参与目标的制定才能激发起他们努力达到

目标的责任感和期望感,使他们主动地克服工作中的困难,创造性地完成工作任务。同时,学校教学管理的总体目标制定后,部门负责人应根据总目标和本部门的情况制定部门目标;年级组、教研组和教职工个人也应依部门目标制定出小组目标和个人目标,使目标的制定既自上而下层层地展开,又自下而上层层地得到保证。

(二)高中教学管理目标的实施

实施是完成管理目标的基本手段。在高中教学管理目标确定之后,学校管理者应该采取相应的方法,最大限度地调动各方面的积极性,有效地实施和达到目标。这个过程主要包括组织、指导和协调。

1.组织

这是目标实施过程中所要做的第一步工作。目标确定后,虽然人员各自明确责任,财力、物力和时空分配妥当,但要作为一个整体充分发挥作用,还必须建立精干灵活的指挥系统,按目标任务把人力组织好,保证事事有人做,人人尽其力,使每个部门,每个人都独立自主地实现自己的目标。①

2.指导

这是指学校管理者对所属部门或个人的工作进行指导和帮助。在实施过程中,由于各个部门,所有成员都在行动,因此必然会出现很多矛盾和问题。学校管理者应针对实际情况,及时给予具体的指导,予目标偏离者以修正,予方法欠妥者以改进提高,予忽视质量者以适当教育。只有这样,才能使工作不偏离正确的轨道,不浪费所有部门及成员为实施目标所付出的努力,从而保证学校教学工作的最优化。

此外,应当明确,指导的目的是使被管理者干好工作,因而学校管理者的指导应该采用点拨式、启发式、示范式等方法,切不可包办代替或强加于人。有效的指导应该是指点而不说教,帮助而不替代,引导而不强

---

① 贺芳.教育管理与学生心理教育[M].长春:吉林人民出版社,2021.

加,批评而不压制。管理者要通过指导提高全体成员的思想认识,调动他们的积极性,提高他们的业务水平。

3. 协调

协调是贯穿实施阶段全过程的一项管理工作,其作用、目的就在于处理矛盾,调整关系,减少内耗,使各个部门及成员之间能有机配合、和谐运转,以保证工作目标的实现。

(三)高中教学管理目标实施情况的评估

这里所讲的评估是指,在高中教学管理目标实施的基础上,对其成果做出客观评价的管理活动。它应以改进领导工作和促使下级向更高的目标奋进为主要目的。评估作为高中教学管理的重要一环,必须认真对待,做到有始有终,使之制定、实施形成一个完整的闭环。评估的方法和途径是多种多样的,最常用的是规范评估法,即确定规范后按规范标准衡量学校的高中教学管理工作过程和目标达到的程度。此外,评估的方法还有观察法、总结法、抽样调查法、测验法等。从主客观角度看,评估可分为自我评估与他人评估两种。

正确的评估对学校的教学管理工作有很大的促进作用。对学校整个教学管理工作的评估,一方面要求学校定期的总结工作,另一方面上级教育部门需组织力量对学校的教学管理进行全面评估。通过评估,学校可以全面总结教学管理目标实施过程中的经验教训,发扬优势,克服缺点,为下一步管理目标的实施打下基础,使自身的目标管理水平不断提高。

第二节　高中教学管理的原则

在明确了高中教学管理目标之后,怎样才能对高中的教学活动实行有效的管理呢?这就需要研究管理的原则。所谓原则,就是人们对客观规律的主观认识的反映,是观察问题、处理问题的准绳。高中的教学管理原则,是高中管理者在管理教学活动中所必须遵循的基本原理和行动准则,它是教学指导思想的反映,也是高中教学实践经验的概括。高中学校管理者只有在正确的原则指导下进行教学管理工作,才能使教学活动正常、和谐、有秩序地运转,最终实现高中的教学管理目标。

一、全面性原则

现代管理的系统性原理,在教学管理中具体化为全面性原则。

(一)全面性原则的概念

所谓全面性原则,是指在对高中教学进行管理时,要从整体上把握教学目标和任务,使各项教学活动紧紧围绕着教学目标和任务展开,从整体出发,全面贯彻党的教育方针,以取得综合效应。

高中教育是由德育、智育、体育、美育、劳育组成的有机整体。每一项教育都是为了培养更多、更好的社会主义建设者和接班人这一共同的目标而设置的,都有其特定的功能和任务。只有每门课程的教学以及具体的教学活动都能较好地体现各项教育的功能,完成既定教学任务,并使各项教育之间相互协调起来,才能有效地提高高中教学管理的成效。因而,作为高中管理者,必须对教学工作有整体的认识和把握,并善于进行综合、协调,把德、智、体、美、劳有效且全面地贯彻整个教学活动中,才能保证教学管理整体目标的实现。

(二)贯彻全面性原则应注意的事项

1.必须首先搞好高中教学的整体规划工作

整体规划是指学校管理者从高中教育这个整体出发,在充分了解高中教育各要素及其相互之间有机联系的基础上,对教学的目标、任务、发展方向和整体工作进行全面、系统的考虑和安排。整体规划是高中教学管理工作取得成效的基础,它的正确与否往往决定了高中教学管理工作的成败。同时,它还是衡量高中管理者水平高低的重要标志,也是对学校管理者工作情况的一项重要考核内容。因此,高中管理者必须努力做好教学整体规划工作。

2.在整体规划下必须进行合理的分工,并建立明确的目标责任制

正确的整体规划是前提,而科学的分解则是管理的关键所在。分解正确,分工就会合理,目标责任才能明确、科学。因此,高中管理者要善于对教学管理的总目标、总任务和整体工作进行科学的分解,并在此基础上对各项工作进行合理分工,使每个科组、级组以及每个部门都有明确的目标责任,以至每个人都能做到各司其职,各负其责。

3.加强组织管理,善于做好协调工作

在科学合理分工的基础上,高中管理者还必须进行有效的综合协调,把各科组、各级组、各部门以及各个教职工的积极性调动起来,让大家拧成一股绳,做到心往一处想,劲往一处使。

二、反馈性原则

现代管理的动态原理在高中的教学管理中具体化为反馈性原则。

(一)反馈性原则的概念

所谓反馈性原则,是指高中的教学决策指挥机构对教学活动做出决策或发出指令后,通过某些相应的机构把实际的执行情况及结果返送回来,决策指挥机构再据此做出新的决策或发出新的指令,以便对教学活动起到控制的作用,从而达到预定的管理目标。

在高中的教学管理中,通过反馈,管理者可以及时了解和把握教学工作的各项指令和管理目标的具体完成情况,并据此随时做出调整。如果没有及时地反馈,高中管理者就不了解自己的教学管理决策在实际执行中的情况及结果,因而变成一个盲目的管理者,整天忙忙碌碌,结果却事倍功半,甚至一事无成。因此,要想进行有效的教学管理,就必须有灵敏、正确的反馈。

(二)贯彻反馈性原则应注意的事项

1.要建立一个灵便的教学信息反馈系统

教学信息反馈系统需由教导处牵头,各科组长及教师代表参加组成,其主要任务是及时了解和发现高中教学工作的执行进展情况及存在的问题,并经过分析将准确、可靠的信息反馈到决策机构,以便高中管理者能及时、正确地把握整个教学工作的动向,根据已经发生的情况或出现的问题不断修改、补充和完善决策,以保证目标的实现。

2.要建立各种反馈制度

仅有信息反馈系统是不够的,还应建立相应的反馈制度。如制定校长、教导处主任接待学生日制度,校长、教导处主任等高中领导的听课制度等,并定期由高中校长、教导处主任分别组织召开教师及学生的座谈会,听取他们的意见,以获取来自教学一线的反馈信息。同时,还应该制定各种定期汇报制度,便于高中管理者及时了解高中的教学动态。

3.对反馈回来的咨询类信息要及时进行分析、处理并做出相应的反应

有效的管理者往往能够对反馈信息做出科学的分析和处理,并依据反馈信息,及时、果断地采取相应措施,把问题或矛盾解决在萌芽之中,以保证高中的教学管理向着预定的目标迈进。

三、阶段性原则

(一)阶段性原则的概念

所谓阶段性原则,是指教学管理工作,在其发展进程中,按照自身的发展规律划分为若干个阶段,循序渐进地向前发展,最终实现教学管理的整体目标。教学管理过程要分阶段进行,既符合事物发展本身从低到高、循序渐进向前发展的规律,也要符合教育的客观实际。[①]

(二)贯彻阶段性原则应注意的事项

1.根据特点明确任务

在贯彻阶段性原则时,高中学校应该根据教学过程中的各个阶段、不

---

① 袁昌富.教育管理拾萃[M].广州:中山大学出版社,2020.

同环节及每门课程的特点,适当地明确具体任务,并注意保持彼此之间的衔接,做到妥善安排与配合,环环紧扣,一步一个脚印地前进。

2.遵循认识活动的规律

高中的教学工作是有计划、有步骤地进行的,各个阶段、每门课程和不同环节之间有着内在的联系,有其一定的顺序。因此,高中管理者在教学管理过程中必须遵循认识活动的规律,坚持阶段性原则,切实把各个阶段的工作做好,以推动整个教学工作扎扎实实、循序渐进地向前发展,不能一蹴而就,急于求成。

四、开放性原则

(一)开放性原则的概念

所谓开放性原则,是指高中教学管理系统作为更大的社会系统或教育系统的组成部分(子系统),必须保持对外部环境的开放性,注意吸收外部信息,并能够据此对本系统做出相应的调整。

高中教学管理作为一种社会活动,必然要受到社会政治、经济、法律、文化、科学技术等的影响,尤其是受到国家教育方针、政策、教育体制等发展变化的直接影响。善于发现并适应外界环境的变化,是教学管理取得成效的社会前提。同时,在教育这个大系统中,各个子系统之间(包括国内外)也会产生影响。因此,高中的教学管理也应该注意保持对同行的开放性,不断借鉴、学习和吸取同行们的经验,进而推动自身教学管理工作的开展。总之,高中管理者务必要使高中的教学管理工作保持对外界环境的开放性,以使教学管理具有旺盛的生命力。

(二)贯彻开放性原则应注意的事项

1.必须遵循党的教育方针

确立教育要"三个面向"(面向现代化、面向世界、面向未来),教育要为社会主义现代化服务的指导思想,加强高中教学的社会实践环节,自觉地与生产劳动相结合,使学生在德、智、体、美、劳诸方面得到全面发展。这样,高中才能真正成为培养社会主义建设者和接班人的坚强阵地。

2.必须注意不断地吸收高中外部的信息

高中的教学不是一个孤立的系统,它必然受到社会大系统中与之相关的其他系统的作用和影响。因此,高中管理者必须不断地收集、分析各种外部信息,研究社会政治、经济、文化、教育等方面的改革以及党的路线、方针、政策的调整对高中教学管理可能产生的作用,探讨各种社会思潮和风气对师生的影响,并积极主动地采取相应的措施,以保证教学管理工作的有效性和动态适应性。

3.必须保持经常与外校的联系

在教学管理工作上,不同的高中有不同的特色,他们在教学管理的方法、形式与内容等方面都有各自的一套做法和经验。国内目前正处于教学改革的时代,各地区的高中都在积极地进行实践和探索,不断地总结经验和教训。因此,高中管理者应在自身进行实践的基础上,经常保持与外校的接触和联系,互相切磋、交流,不断吸取别人的经验,弥补自身的不足,以推动教学管理工作向前发展。

五、激励性原则

现代管理的人本原理在高中学校教学管理中具体化为激励性原则。

(一)激励性原则的概念

激励性原则又称动力原则,是指在教学管理活动中,管理者必须善于运用激励手段,充分调动师生的积极性,推动高中整个教学工作不断向前迈进。

任何管理都是通过人的活动并借助人的积极性来实现的。高中学校的管理者应该注意掌握在教学管理中贯彻激励性原则的方法,最大限度地激发、调动师生的积极性,实现教学管理的目标。一般说来,在教学管理中有五种不同而又相互联系着的基本激励手段。

1. 强制性激励

强制性激励即运用管理者手中法定的权力——行政领导权,通过行政命令的形式,规定教学工作应该怎样做,不能怎样做。这种形式一般体现在教学管理的规章制度上面,用它来明确师生在教学活动中的行为规范,以树立良好的风气,激励师生奋发向上,是一种带有强制性的激励手段。

2. 影响性激励

影响性激励是与强制性激励相对而言的一种激励手段,即它不是用行政命令的办法,而是通过管理者在日常的管理活动中,注意发现和树立典型,尤其是管理者平时在师生中所形成的威信来影响和带动全体成员,使全体成员朝着教学管理目标共同努力。

3. 物质激励

物质激励即以物质上的刺激来调动人的积极性。例如,对在教书育人工作上有突出贡献的先进教师,发放奖金,给予良好的福利待遇(如住房、医疗保健等),提级加薪或予以重奖等;对品学兼优的学生,发放一定的奖学金等。

4. 精神激励

精神激励即以精神刺激来满足人的某些需要,从而调动其积极性。精神力量可以成为决定性的力量。这是激励人们奋发向上的一种强大动力,它来自理想、觉悟、精神奖励和日常的思想政治工作等。对于拥有精神力量的集体和个人,高中管理者应及时给予表扬、奖励(授予先进、标兵等称号),以树立典型,使整个校园形成良好的风气。重视精神力量,强调思想政治工作,是我们党的优良传统,也是社会主义现代化建设新时期教学管理工作的一项重要任务。

5. 信息激励

信息激励即通过信息的传递和交流来满足人的某些需要,激发人们工作、学习的热情和积极性。从管理的角度讲，信息也是一种动力，可以起到激发人的积极性的作用，它具有超越物质和精神的相对独立性。高中学校管理者要本着"开放、搞活"的方针，注意加强与外界的信息交流，重视本校的信息资料室的建设，抓好对信息的收集、识别、分析、处理和传递工作，善于向师生提供各种有价值的信息，并定期组织学习，使他们能及时获得有关教学方面的新知识、情报和资料，以激发其工作和学习的积极性。

（二）贯彻激励性原则应注意的事项

1. 要坚持综合、协调、灵活地运用五种激励手段

在教学管理中，五种激励因素同时存在，但它们所起的作用不会绝对平均，相互间是有差异的。如果管理者在运用时，只单纯地运用其中某一种，便起不到应有的推动作用。因此，高中学校管理者要及时洞察和掌握师生的各种差异和条件的变化，根据不同对象和情况辩证地、综合协调地、灵活地运用五种激励手段。

2. 激励要适时

以上五种基本手段都是对被管理者的外界刺激，即管理者运用这五种手段通过外界刺激来激励下属努力学习和工作，以实现学校的管理目标。而这种激励，应不早不晚，重在适时。适时的激励，才能够使学校管理工作有效、持续地向目标迈进。

3. 要掌握好"刺激量"

高中学校管理者在运用这五种激励手段时，还要注意刺激的量，应不大不小，恰到好处，如果忽视了这一点，就不能起到刺激的应有作用。例如，运用影响性激励时，树立的典型不宜太多，多则体现不出其先进性和模范性；而树立的典型太少，其影响作用也就不大。高中管理者在运用激励手段时，要注意正确地把握各种刺激的"量"，使各种激励能真正发挥应有的作用。

上述原则是根据现代管理理论和教学管理实践进行的归纳和概括。

这些原则并不是孤立的,它们相互联系,相互依存,共同构成一个有机整体。所以,高中管理者在实际工作中,应该针对不同特点、不同阶段及不同条件,灵活地运用这些原则。

第三节 高中教学环节管理

一、高中备课的管理

(一)加强备课管理的意义

教学是教与学双边的活动过程。就其目的来说,教就是为了学;就其关系来说,教应该根据学。认真备课是上好课的前提。备课就是教师根据教学大纲的要求和本门课程的特点,结合学生的具体情况,选择最合适的表达方法和顺序,以保证学生有效地学习。

对教师来说,备好课是加强教学的预见性和计划性,充分发挥教师主导作用的重要保证。教师的备课主要涉及教学内容和教学对象两个方面。由于这两方面都是在不断发展和变化的,因此即便是有经验的教师仍要认真备课。教师不仅要把教材中的生课讲熟,还应把熟课当成生课讲。

从广义上讲,教师的备课应该从他确定做教师时就开始了。教师在日常生活中要有意识地收集点滴的教学资料,为上好课做准备。因此,高中学校领导必须加强备课的管理。

(二)高中备课管理的内容

钻研教材包括研究教学大纲、高中教科书和阅读有关的参考资料。钻研教学大纲,就是要弄清本学科的教学目的、教材体系和基本内容以及在教学方法上的基本要求。钻研教科书是指掌握教科书的全部内容,包括教科书的编写意图、组织结构、重点章节以及各章节的重点、难点和关键。

(三)了解学生

教学是教师根据一定的教学目的,引导学生逐步认识客观世界,形成学生的智慧、才能、思想、观点和品格的过程,是学生身心得到全面培养的发展过程。

学生是学习的主体,学生主动、科学、有效地学习,是获得最佳学习效果的关键。学生的学习效果受学习态度、知识基础、学习方法、智力水平和健康状况等因素的制约,其中最重要的是前三个。因此,教师要想备好课,就要了解清楚学生这三方面的情况:①了解学生学习本学科的态度和兴趣,根据存在的问题,有意识地进行培养,也就是重视对学生学习动机的激发;②了解学生学习新课所需要的知识基础,确定新课的起点;③了解学生学习本门学科的学习方法。

(四)精心选择教学方法

教学无定法,是因为教学方法多种多样,教师需要根据每一节课的教学任务、教学内容和学生的年龄特征灵活选用。教师不论采用讲授法、谈话法、演示法、参观法还是实验法,都要启发学生积极思考。一般来说,教师选择教学方法应注意三个方面:①要研究用什么方法最容易引起学生的注意与兴趣。②要认真研究教材中的重点、难点及关键性问题的处理。③要研究用什么方法调动学生学习的主动性和积极性。教师不但要考虑知识的传授,还必须考虑学生如何接受,要考虑到他们对知识及技能的具体接受能力。教学方法的选择要根据教育对象的不同,采用不同的方法,要依据教学对象——高中生的生理特性、知识基础、能力水平及条件的不同,合理进行学习内容的安排及学习要求的制定。教师可以用这些方法激发学生的学习积极性:①增强学科的趣味性,使学生的学习具有主动性和实用性,加强学习的吸引力,尽量减少危险的学习情境;②教师必须经常强化学生的学习,用行为矫正技术帮助学生实现自我努力,并激励学生为远期的目标而工作;③让学生了解他们在做什么,将如何以及是否能达到目标,如果学习的目标太难或太远,缺乏近期动机的学生可能会出问题;④注意学生在能力、学习态度和学科爱好上的个体差异,尽可能满足学生生理、安全、归属地和受到尊敬的需要;⑤鼓励学生切合实际的志向水平,成就定向和积极的自我感觉;⑥学生的发展需要自我信念和自我指导,教师要解除学生应用知识的焦虑,使他们渴望学习更多的知识。

（五）设计教案

在设计教案前，应先完成以下两种备课。

1.学期备课

开学前，教师要把课本通读一遍，明确教学任务，了解高中教材的知识体系，弄清知识安排的顺序，掌握教材章节之间的联系和各个章节的重点以及教材骨架。[①]

2.章节（单元）备课

教师在通读教材的基础上，要着重进行教材分析。教师要明确本章节及每节课的教学目的和基本要求，并对每课时的教材进行深入细致地甚至是逐字逐句地钻研；教师要掌握本章节的深度和广度，判断出学生接受的难易程度，要挖掘本章节教材中有利于培养和发展学生学习能力的内容；教师还要研究本章节的重点、难点和关键，并深入了解教材重点为什么成为重点，教材难点难在什么地方，难到什么程度，高中教材关键对前后教材所起到的承前启后的作用。

设计教案是备课过程中的最后一个程序。教师备课的好坏，集中反映在教学方案里。高中教学方案一般包括：课题、教学目的或任务、教材分析、教学重点和难点、教学方法、教学用具、教学步骤、巩固教材（或测试效果）和布置作业。

教案的写法，可以用文字叙述，也可用图表，或图表和文字并用。课的类型不同，写法也要随之改变。

（六）备作业

减轻学生负担，提高教学质量，是学生变苦学为乐学的关键，要在"精"字上下功夫。这是说，在教学过程中，除了传授知识要做到内容精要，教法精巧，语言精彩外，还要做到精练，就是巩固的过程要做到精选题型、精心设计、精于指导。为此，教师备课还包括备作业。教师必须精选作业，要仔细思考让学生做每一道习题的目的，重在训练学生哪一方面的

---

① 冉启兰.教育管理理念与思维创新[M].长春:吉林出版集团股份有限公司,2020.

能力,中等学生做这些习题需要多少时间,等等。

(七)写教学后记

教学后记是指每节课后,教师要对授课情况进行追踪分析,要从教与学两个方面找问题,从正和反两个角度去思考,把经验和教训记录下来,并简明扼要地分析其成败原因。教学后记中,一是要记教学中成功的做法。每节课都有不同的成功之处,如课堂上恰当的比喻、新颖精彩的导言、教学难点的突破、引人入胜的教学方法、成功的临场发挥、直观教具的合理使用和现代化电教手段的运用,以及配合本节教材补充的一些具有典型性、生动性和富有说服力的教学事例。二是记学生在课堂上反映的问题。包括学生对本节课兴趣如何,对教师教法的评价,对高中教材内容的掌握和学生的希望和要求等。学生的一些发言和做法,有时也可拓宽教师的思路,促使顿悟的出现,有的问题甚至可以把教师的思路引向纵深,这就是教学相长。同时,学生的提问也可帮助教师发现教学的不足,因为学生提出的问题往往是教师没有讲清或忽略的问题。三是要记课后体会。如是否实现了备课时的设想,使学生思想上有所提高,知识上有所长进,能力上有所发展;教学过程中出现了哪些偶发性事件,怎样处理的;教学过程中有什么失误,等等。

二、高中课堂教学的管理

(一)加强课堂教学管理的意义

课堂教学是教师根据教学设计,在课堂上向学生传授知识、培养能力的教学形式。课堂是学生获得知识、求得思维能力发展的主要场所。在教学过程中,教师和学生之间发生的联系很多,但最基本的是课堂教学。这不仅仅是因为这种形式占用的时间最多,更重要的是因为课堂教学在众多的教学形式中,处于领导和支配的地位。减轻学生负担,提高教学质量,关键是提高课堂教学效率。

要管理好教学,就应该把听课和分析课作为校领导最重要的工作。听课是一种具有现场知觉性的学习或教学评估的手段,是校领导了解教师、学生以及教学进展情况的最直接、最具体、最有效的方法,是指导教师改进教学的有效途径,也是校领导管理教学的基本功。

(二)听课的要求

听课应有计划、有目的、有准备、有记录、有交谈、有总结。高中学校领导的工作千头万绪,要使听课落到实处,就必须制订听课计划,如学期初、学期中、学期末都准备听什么课,重点研究和解决什么问题,推动哪些方面的改革,都应当做出计划,而后再根据工作的实际情况,逐月、逐周地做出具体安排。安排要翔实,要做到定听课时间,定听课对象,定听课内容。

校领导听课因目的不同,可分为了解性听课、指导性听课、研究性听课和总结性听课四种。如果为了广泛了解教学情况,校领导的听课面就要广泛;如果为了指导教学改革,校领导就要重点听教改实验班的课,再与平行班进行比较;如果为了总结经验,校领导就要确定重点,跟踪听课。除了一般性的听课外,校领导听课时,最好邀请教研组长或老教师一同听课。

校领导听课,事先要有充分的准备,首先要认真研究教学大纲和教材,对所听课的教学内容要有深入、系统的了解。其次,校领导要了解任课教师及上课班级学生的情况,了解教师的教学思路与教学设想,了解学生的学习基础和学习本门学科的学习方法,进而确定听课的目的。根据需要,校领导还可邀请教研组长和有关教师共同听课。但听课要事先通知任课教师,向教师说明听课的目的,并了解教师本节课的安排和上节课的情况。通知教师听课的时间最好要提前两到三天,以避免教师心理紧张。如果属于指导性、研究性、总结性听课,最好要与主讲教师一同备课。

校领导听课,应当在上课前进入教室,座位安排既要有利于观察师生上课情况,又要不影响师生教学活动,一般以侧位或后位为宜。校领导听课时精神要集中,观察要全面、细致,记录要准确。在听课过程中,听课人之间不要交换意见,不要做手势,避免干扰教学工作的进行和影响教师上课的情绪。

校领导听课要记听课笔记。笔记主要记录教学进展情况,重点记录教师的讲课思路,还要记录自己听课时的想法或者疑问。校领导听课后要及时把听课笔记整理归纳,并提出听课意见,做出评价,防止时间一长,印象淡忘,难以具体分析。对于自己不懂的学科,校领导要向与自己一同听课的教研组长或老教师请教。校领导听课后不要急于和任课教师交换意见,最好连续听几节课后,再与任课教师交换意见。

校领导听课与教师之间互相听课不同。校长的一项非常重要的任务是要教会教师从学生是否积极地进行脑力劳动这个角度,来观察和分析自己所上的课。校领导听课后,要善于总结,因为校领导听课要起到传帮带的作用。校领导要及时传播教改经验,帮助青年教师缩短起步阶段时间,尽快适应教学,带动一些后进的教师,提高自身素质,积极参与教学改革。

（三）分析课的要求

分析课应以教育科学理论为指导,一是分析这节课是否遵循了教学的适应性规律、发展性规律、教育性规律。二是分析这节课是不是创造性地教学。创造性的教学即有风格的教学。课堂教学风格是指,教师个人的教学态度、知识水平、组织教学能力、习惯化的思维方式和行为方式等因素在课堂教学过程中的综合表现,是教师在课堂教学活动中的一种较稳定的心理特征。良好的教学风格是因人而异的,没有适用所有人的一般模式,要在学习中提高,在总结中升华,它具体表现为有独特的内容处理、独特的教学方法的运用和独特的表达方式。三是分析这节课是否紧紧抓住"积极探索提高课堂效率"这个中心,是否体现了教师主导与学生主体的最佳结合,是否加强了基础知识和基本技能的训练。四是分析这节课是否以"纲""本"要求为基准。通过分析课,鼓励教师遵循教学规律进行创造性的高质量、高效率、高水平的课堂教学活动。通过分析课,强化教师的"纲""本"意识,让教师掌握大纲,吃透教材,根据大纲的要求施教。以此为依据,研究课的特点、成绩及不足。通过分析课,激励教师以改革的精神指导教学,使教师认识到教学必须走改革之路。从而对照改革要求,找出教学差距,研究改革方案,引导教师沿着改革之路一步一步地走下去。[①]

(四)评价一节好课的标准

一节好课的标准,既是校领导分析课、评价课的依据,也是对教师的基本要求。评课要遵循以下七条标准。

1. 教学目的要正确且准确。

2. 教学过程要组织得从容而不松懈,紧张而不慌乱。

3. 要体现实验改革的精神。

4. 教学效果良好。

5. 教师教态良好。

6. 教学语言准、精、美、活且富有特色。

7. 板书端正,符合规范。

作为学校的管理者,要懂得一节好课的标准,并以此来评价教学效果。衡量一节好课的标准不仅要看教师教得怎样,更要看学生学得怎样,归根到底要看单位时间内学生的学习质量和学习效率。同时,一节好课的标准也应该作为教师的基本功之一。高中领导要认真地培养和训练教师的这种基本功。

三、高中作业的管理

作业的布置与批改是教学过程中不可缺少的环节。因此,对作业的管理也是教学管理的重要组成部分。在实现应试教育向素质教育转变的过程中,如何全面贯彻教育方针、全面提高教育质量,就涉及对作业的认识和优化等一系列问题。

(一)组织学生作业的目的

学生学习知识是掌握前人总结与概括起来的经验的过程,是学生学习的主要任务和主要活动。从学生在教学系统中,对一类事物的实际认识过程出发,可以将学生知识学习的过程分为选择、领会、保持、应用四个阶段。学生在选择、领会知识之后,要理解知识、应用知识,就必须通过完

---

① 杨璐,高翔,胡君.教育管理与学习心理健康教育[M].汕头:汕头大学出版社,2020.

成作业这一必不可少的阶段。对学生布置作业是课堂教学的继续和发展。[1]

布置作业是教学活动的有机组成部分。作业是推动学生独立学习、培养恒心毅力、自我约束和快速进步的重要途径。学生通过对作业内容的独立思考、作业时间的独立分配和安排以及对作业质量的自我检查等活动,可以使独立学习的能力得到很好的提升。

作业的布置与批改,是教学过程的有机组成部分,是给学生的必要反馈形式,是了解教学效果的有效手段。作业的效果和上课的质量有着直接的关系。如学生的概念是否清楚、规律能否掌握、能力是否得到提高,都可以通过作业反映出来。

(二)减轻学生过重的负担应从作业的管理入手

1.控制家庭作业的必要性

作业分为课内作业和课外作业两种,课外作业即指家庭作业。家庭作业作为制约课堂质量的重要因素长期以来备受人们的关注。然而,近年来高中生家庭作业越来越多,令人担忧,强烈要求减轻高中生课业负担的呼声越来越高。

过量的家庭作业剥夺了学生最佳发展的可能,无视了学生必要闲暇的需求。学习活动是一种多因素的动态系统。在学习过程中,学生需要有紧张而费神的智力活动,也需要有多种多样闲暇的活动时间。二者必须互相补充、相互置换,经常处于动态平衡之中。

2.控制家庭作业的时间

教师要摒弃无效作业,让作业成为"教"和"学"的有效手段。对教学效果的评价,应该看时间和速度,也就是说,要表明学生在规定的时间内,根据现行教学大纲的要求,在教养、教育和发展等方面所达到的水平。片面追求效果而任意增加时间的做法,不符合最优化的要求,所得到的效果也是不经济的。

---

[1]　张占成.现代教育的科学管理问题研究[M].西安:西北工业大学出版社,2020.

3.调控家庭作业使之优化

调控家庭作业使之优化,从而达到最大限度地促进学生智力的发展,可从五个方面做起:①强化关于家庭作业的研究工作;②变革家庭作业的完成方式;③实施学生家庭作业的公开性策略;④改善家庭作业的设计;⑤教师备课要备作业。

(三)作业的形式与要求

作业要以最大限度地调动起学生学习的积极性为目的,布置高中作业的形式与要求包括:①促使家长参与家庭作业的所有过程;②布置作业前,要了解学生对所学东西的掌握程度;③布置的作业不要超过学生的理解范围;④保证学生能够找到完成作业所需的资料;⑤为学生提供完成某一特定作业类型的大体结构和思维过程;⑥写专题报告或课外自修题时,要教给学生正确的技能、技巧和程序;⑦把某一知识点的作业分解开来,在学习前和学习后分别进行;⑧家庭作业要具有实践性、思维性;⑨让学生懂得做作业的意义;⑩运用累计教学或累计测试作业法;⑪时刻检查作业;⑫让学生自己改正作业。

四、高中学业成绩检查与评定的管理

(一)高中学业成绩检查与评定的意义

学业成绩的检查与评定是教学环节管理中不可缺少的要素,又是教学过程的重要环节,对保证教学工作的顺利进行和教学质量的提高,有十分重要的意义和作用。

学业成绩检查与评定具有反馈功能。从反馈原理来看,反馈就是由控制系统把信息输送出去,又把其作用结果返送回来,并对信息再输出产生影响,起到控制的作用,以达到预定的目的。原因产生结果,结果构成新的原因。就这样,反馈在原因和结果之间架起了桥梁。校领导通过学业成绩的检查与评定获得教学信息,并对得来的信息进行分析,就可以了解教师教、学生学两方面的情况,找出整个高中教学工作中存在的问题,从而对原来制定的教学工作的具体措施、教师的安排重新做出调整,调动一切积极因素,推动教学质量的不断提高。

高中学业成绩的检查和评定具有竞争功能。学业成绩的检查与评定是一种竞争机制,是推动学生学习的一种动力。学生通过对其学业成绩的检查与评定,能从自己学习结果的反馈中,及时获得矫正信息。反馈的矫正信息要准确,教师就必须加强对考试、考查的组织领导,严格考场纪律,客观公正地进行评分和撰写评语。家长从学生学习结果的反馈中,了解子女在校学习的情况,也能针对他们在学习上存在的优缺点,配合学校进行教育,帮助高中提高教育和教学质量。

(二)高中学业成绩检查与评定的管理方式

学业成绩检查与评定是教学过程中的重要组成部分,它同讲解、巩固、复习等过程有机地联系着,共同担负起实现教学目的的任务。

要想了解教师的教学方法是否得当,学生掌握知识的质量如何,都有赖于对学生知识掌握情况进行检查和评定。检查和评定对学生的个性发展有巨大的影响,在培养学生良好的学习动机、兴趣和爱好方面也起着重大的作用。学业成绩检查和评定有两种方式:考查和考试。

1.考查

(1)考查在学业成绩检查中的价值

考查指的是平时在课堂教学、课外作业和辅导以及课外学习小组活动中对学生学业成绩进行的检查。考查除了具有一般检查和评定的重要意义外,还具有及时和经常的两个特点。经常有计划地考查,可以收到四种效果:①使教学做到有的放矢;②根据教学反馈,采取有力措施,纠正学生的学习偏差;③促使学生天天复习功课,养成良好的学习习惯;④可以减轻学生的学习负担。

(2)通常使用的考查方法

①课堂提问。教师在课堂上提出问题,要求学生口头回答或者板书回答,是考查成绩普遍采用的一种方法。它的特点在于教师进行考查时可以直接看到或听到学生的反映,了解回答的质量,而且可以根据需要进行适当的启发、追问和反思等。

②书面测验。书面测验是指教师在课堂上提出问题,让学生以书面形式进行回答,以考查学生对基础知识掌握的程度和运用基础知识解决问题的能力以及形成技能、技巧程度的一种方法。它的特点是可在较短的时间内用内容范围较宽的题目对全班学生进行考查,一般多在讲完一个单元或两到三个单元、一个章节或两到三个章节之后进行。

③检查作业。经常检查学生的课内和课外作业,不仅可以使学生巩固所学的知识,熟练地掌握技能和技巧,还可以培养学生独立完成作业的习惯。

④日常观察。教师采用日常观察的方法对学生进行考查,可以经常了解学生的学习质量以及影响学生学习的诸多因素,从而帮助学生树立正确的学习态度,提高学习效率和质量。

⑤实验操作。物理、化学、生物等学科的实验,可以使学生从观察和操作中获得一定的直接知识,使书本知识和生产实践结合起来,并能培养学生独立进行实验的动手能力。通过学生做实验,教师可以考查学生的实验技能,考查学生所掌握的相关基础知识。

2.考试

考试是根据一定的目的,让学生在规定的时间内,按指定的方式解答选定的题目,并对解答的结果评等划分。考试可以为教师提供学生某方面知识和能力状况的信息。这里所说的考试是相对平时考查而言的集中考试或正规考试。由于平时考查的目的在于发现每一节课或单元的教学目标的实施情况,以便及时调节、控制教学活动,试卷可由教师自己命题。而集中考试和考查不同,它具有自身的特点和功能。

(1)考试的功能

考试是检查、评定学生学业成绩以及教师教育教学效果的一种总结性的手段,是调节学生学习、改革教学、提高教学质量的依据,也是实现各级各类高中的培养目标,贯彻全面发展的教育方针,培养"四有"人才不可缺少的措施。这也决定了考试具有以下两种特殊功能。

①培养功能。通过考试能把学生平时学习的知识完整化、系统化,促进学生辩证唯物主义世界观的形成。

②选拔功能。按考生分数录取是公平合理的,它体现了"分数面前人人平等"的原则,有利于鼓励学生积极进取,形成勤奋学习、奋发向上的社会风气。

(2)考试方式的分析与运用

①闭卷考试。在主考人的严格监视下,要求学生在规定的时间内,按照试题要求,不查阅课本和任何参考资料,独立思考,对试卷做出书面回答。这种考试方式有利于培养和提高学生的独立思考能力和逻辑思维能力;有利于学生对所学知识的巩固和掌握;在单位时间内,测试对象多且效率高。

②开卷考试。允许应试者根据考试命题翻阅课本和参考资料,独立思考,进行书面解答。这种考试方式适合检查学生对某些问题是否有创见,从而检查学生的创造性思维能力、批判性思维能力和解决实际问题的能力。它的突出优点是能拓宽学生的视野,吸收更多的信息;学生的创造精神会有所提高,对教师和学生的要求也相应提高了。因此,开卷性试题不能简单地回答是与非,教师要提高命题的质量,改革教学的方法,注重培养学生的能力。想要提高开卷考试的功效,命题的改革是关键,题目既要难度适当,不偏、不怪,也要有一定的灵活性。

③口试。这是根据教学大纲的要求拟定大量的试题,然后按照试题性质、难易程度及题目的大小进行搭配,组织出许多考签,让学生抽签作答,每个考签上一般是两三个题目。口试题的范围应尽量囊括教材的全部基础知识和基本技能。这种考试的优点是学生可充分叙述所掌握的知识,可根据题目的要求进行充分的阐述和论证,教师也可直接看到学生的反应,可补充提问,便于检查学生思维的敏捷性、逻辑性和语言的流畅性、推理的严密性。

④实际操作考试。这是为了检查学生按照考试要求,运用已学过的

理论知识解决实际问题的能力。这种考试有利于学生理论联系实际,有助于培养学生的动手能力,能有效地巩固学生所学的知识。

第四节　高中教学质量管理

一、高中教学质量管理概述

高中教学质量管理是一个十分复杂、相当困难的课题。教学过程是一个多参数的复杂系统,涉及许多因素,教学质量是诸多因素共同影响的综合指标;教学是培养人的活动,对人才质量的管理比对物质产品质量的管理复杂得多;教学过程的周期比较长,其效果不能完全依据眼前或近期的某些指标来衡量。尽管如此,由于教学活动是有规律的,因此教学质量管理还是有客观依据的。

(一)高中教学质量管理的含义

教学质量是指在教学过程中,通过教师的教和学生的学体现出来的学生学习的程度,教学质量包括教师教的各个环节的质量和学生学的各个环节的质量。教学质量的实质是指教学任务的全面完成和学生的全面发展的程度。从教和学的辩证关系来看,教只是手段,学才是真正的目的。因此,教学质量最终体现为学生的学习质量。我们通常又把前者称为教学过程质量,后者称为教学成果质量。教学过程质量是教学成果质量的前提和基础,教学成果质量是教学过程质量的体现和归宿。因此,教学质量管理应该是教学过程质量管理和教学成果质量管理的统一体。

(二)高中教学质量管理的任务

教学管理是高中管理的核心,教学质量管理又是教学管理的中心,提高教学质量是教学管理的出发点和归宿。高中教学质量管理就是通过抓质量,对教学进行管理。教学质量管理所要达到的要求是全面的,既要保证智育的质量,又要保证德育、体育、美育和劳动技术教育的质量。在智育中,既要确保基础知识、基本技能的质量,又要保证发展智力、培养能力的质量；既要保证教师教的质量，又要保证学生学习的质量；既要使学生毕业后升入大学学习时适应学习的要求，又要使学生走上工作岗位后适应工作的要求。这样才算实现了全面教学质量管理的任务。教学工作是高中工作的中心，高中的全体师生都与提高教学质量相关。因此，高中的全体师生都要直接或者间接参加教学质量管理，要各司其职，以优质的工作确保教学质量的提高，特别要调动学生参与教学质量管理的积极性，以确保教学质量管理任务的全面完成。

（三）高中教学质量管理的途径

教学质量管理主要通过教学检查和教学评价进行。教学检查是我国传统的教学质量检测手段。完善教学评价体系有利于及时发现国家教育体系中的成绩和问题，从而为教育决策提供依据，也能帮助社会公众了解教学改革。近几年来，我国的教学评价有了长足的发展，已基本完成了由主观臆断的指导、检查到编制指标、搜集信息、科学评价的转变。各种各样的评价方案应运而生，教学评价的科学水平日益提高。

教学检查不等同于教学评价。尽管二者在检测、考核教学情况和改进教学活动中确有相同的一面，但也存在区别。教学检查是教学评价的必要手段和前提，教学检查可以为教学评价提供必要的教学资料信息；教学评价是教学检查的进一步深化，教学评价重在做出价值上的判断，能促进教学检查的深度和广度的提高。二者既互相独立，又互相依托，共同存在于教学质量管理之中。

二、高中教学检查概述

（一）高中教学检查的含义

高中教学检查指的是依据一定的教学管理目标与教学规范要求，对具体的教学情况进行相应的检测与考查，鉴定和评价其教学目标与教学效果的实现情况，以便采取相应的措施更好地改进教学的管理活动。教学检查是教育检查的一个重要方面，是教育检查的主要构成部分与基础。教学检查的内容是多种多样的，包括与教学活动有关的各个方面。教学检查既可以是对教师的教学态度、教学方法、教学技能情况的检查,也可以是对教与学双方情况的综合考察,还可以是对与教学有关的教学设备、教学设施等情况的检查。教学检查内容的多样性决定了它必须在一定的科学原则的指导下,针对不同的检查对象、不同的检查内容,相应地采取不同的科学检查形式与方法。

(二)高中教学检查的意义

1.高中教学检查有利于教学质量的提高

高中教学检查的过程实际上就是对具体教学情况信息的反馈过程。通过教学检查,可以使参与教学活动的有关人员明确教育教学方向,了解并掌握教育教学目的;通过教学检查过程的不断反馈与调节,可促使高中的教学工作和教学管理工作逐步接近具体的教学目标和管理目标,以不断地提高教学质量和管理效能,从而进一步使教学检查对高中教学工作和管理工作起到促进作用;通过教学检查,能准确地摸清教学的实际情况,及时发现问题,督导教学人员采取补救措施,积极改进教学,确保教学目的和教学目标的实现。有计划地进行教学检查,不仅有利于高中领导准确地了解教学实际,而且也有利于调动广大教师参与教学改革的积极性。被检查的教职工可以通过教学检查,对照标准找到差距,确定自身的不足及努力的方向。受表扬者会再接再厉,未受表扬者也可认清前进方向,从而自觉地沿着不断提高教学质量的方向努力。[①]

2.高中教学检查有利于教育方针的贯彻落实

全面贯彻党和国家的教育方针,全面提高教学质量,是教学检查的目的。经常进行教学检查,可以了解、掌握教师的课堂教学情况,看其是否按照教学计划执行、执行到何种程度,以及教学情况与预定目标的接近程度。这些情况的检查、了解与掌握,对保证教学计划与教学目标的实现具有十分重要的督导作用。对于教学检查的主持者来说,教学检查还具有

---

① 马永霞,窦亚飞.高等教育组织与管理[M].北京:北京理工大学出版社,2020.

衡量管理水平高低的作用。通过开展多种形式的教学检查,一方面可以衡量教学计划现阶段决策的正确性与预见性;另一方面也可以衡量教学计划施行阶段各种教学控制措施的有效性。因此,教学检查既是检查教师的教学工作,也是对管理人员管理工作的检查。通过教学检查,对偏离教育方针的现象,能予以及时地纠正与调整。

3.高中教学检查有利于教师素质的提高

教师队伍的素质建设是教育教学改革的根本大计。在教学实践中,没有哪位优秀教师是一成不变地按照机械刻板的教学程序取得最优化的教学效果的。那些具有高超教学艺术的教师的教学都是科学再现与艺术表现的辩证统一,融合教学的科学性、艺术性于一体,达到炉火纯青的最佳教学境界。教学检查就是按照教学科学化、艺术化的标准,激发教师不断地研究教与学的理论,从而找到教与学这两大行为的结合点;教学检查可以督促教师从教学过程的各个方面,从教学最优化的备课艺术到课堂练习的设计艺术,从课堂教学的讲授艺术到启发、提问、语言、体态、板书及应变艺术,从德育渗透艺术到学法指导艺术等综合性地进行探讨。

三、高中教学检查的内容

高中教学作为一门综合的艺术,既包括运用教学方法的艺术,也包括遵循艺术的一般审美性原则进行的审美教育活动,还包括体现教师个性而独具特色的艺术创造。因此,对这种活动的检查内容是多方面的,方法也不是单一的。

(一)高中教学态度检查

高中教师的教学态度是指教师对所从事的教学活动本身的认识以及所表现出来的行为态度,主要包括教师的"敬业和乐业"两个方面的表现。教师的敬业与乐业精神,既是一个层次分明、涵盖发展的系统,又是一个内部诸要素之间相互作用、相互联系且不可分割的有机整体。教学态度检查,就是检查敬业与乐业两个方面。敬业是指教师具有良好的思想品德，能正确对待教师职业与教育教学工作，严于律己、以身作则、言行一致，自觉遵守社会公德、师德及劳动纪律，坚持谦虚谨慎、宽容待人、平易近人和诲人不倦的品行，这就要求教师要给学生以积极向上的影响力；乐业是指教师树立和培养对工作的强烈的使命感、责任心和无私奉献精神，坚决贯彻、执行党和国家的教育方针，认识教师工作的崇高性，忠诚于教育工作，勤勤恳恳、兢兢业业地从事人民的教育事业，热爱学生，安贫乐教。从根本上来说，教师需要有一颗信任人、热爱人的心，用这颗心去率直谦逊地观察对象、研究对象，然后运用自己丰富的经验、智慧和创造力，去构思和塑造。

（二）高中治学精神检查

治学精神主要是指教师的"专业和创业"两个方面的表现。专业是指教师具有丰富扎实的专业知识、教育理论，这是教书育人的先决条件，也是完成教育教学工作的重要保证。因此，教师必须认真钻研和掌握教学大纲，精通所教学科的全部知识内容，从全局上把握教材，系统、灵活地掌握教育学、心理学，运用好教学原则和教学方法。此外，教师求还要具备钻研与组织教材的能力、了解和研究学生的能力、组织教育教学活动的能力、熟练运用教学语言能力和进行教育科研能力。教师要善于放下架子，诚恳地接受学生给出的正确意见，并不断更新教育教学观念，以改革者的姿态投入教育教学工作的"创业"活动之中。创业是指以自己的认识能力、组织能力、交往能力、敏锐预见、灵活顽强、开放求实的思维品质，立足现实，结合校情、班情，积极主动做好教育教学工作。

（三）高中教学方法检查

高中教学方法由教法和学法两部分内容组成。教学方法检查既应检查教师的教法，又应检查在教师的指导下学生的学法。教法检查主要是指对教师完成一定教学任务所采用的授课方法的检查。教法是教师为实现教学目的所采取的途径和程序。就教师的指导作用而言，教法是对学生认识活动的组织方式和控制方式。教育科学研究表明，学生投入的劳动量与教师所采用的教法紧密相关。教法的价值又是通过运用教师的才能得以实现的。法国生理学家贝尔纳认为,良好的方法能使我们更好地发挥运用天赋的才能,而拙劣的方法可能阻碍才能的发展。显然,方法、才能与效果是息息相关的。对教师教法的检查,主要从教师课堂教学的组织、导入、讲授、结课、启发、提问、语言、体态、板书等方面入手。

1.高中教学组织

高中课堂教学的组织一般可分为班级教学、分组教学、个别教学和复式教学。检查教学组织时要从几个方面考虑:①统筹安排,注意整体性;②脉络清楚,体现层次性;③灵活多样,动静相应;讲究艺术,注意审美性。检查应侧重观察教师是否对课始、课中、课尾巧作安排。好课的开头,引人入胜;中间,波澜起伏;结尾,余音不绝。这也是每一位教师在组织、安排课堂教学时应该追求的境界。

2.教学导入

良好的开端是成功的一半。教学导入的关键在于使用最简洁的语言,激发学生渴求新知的强烈欲望。导入方法有很多,常用的方法有:温故导入、衔接导入、设疑导入、布障导入、迂回导入、引趣导入、激情导入、悬念导入、作业导入和提问导入等。设计导入语要符合教学的目的性和必要性,符合教学内容本身的科学性,要从学生的实际出发,从课型的需要出发,导语要精彩,形式要多种多样。

3.讲授

讲授是课堂教学的主要形式,提高课堂教学的讲授艺术是提高课堂教学效率的关键之一。教师的讲授既包括对教学内容的处理,也包括教学情境的创设,还包括教学方法的选择和教学语言的表达。检查教师讲授要侧重这几个内容:①是否突出教材的重点、难点和关键;②是否教给学生规律性的知识、科学概念和原理;③是否激发学生的主体意识,增强学生学习的内在动力;④是否将设疑激趣相结合,增强讲授的吸引力;⑤讲授的科学性与艺术性是否兼顾,以增强讲授的说服力;⑥语言是否生动、精彩,增强讲授的感染力。

4.结课

科学、成功的课堂教学的结束语能取得"课虽尽而趣无穷,思未尽"的效果。一般来说,课堂教学的结课方式有梳理内容式、归纳总结式、首尾呼应式、左右沟通式、指明规律式、画龙点睛式、概括中心式、含蓄暗示式、存疑探索式等。不论采用哪种结课方法,都应遵循这几条基本原则:①水到渠成,过渡自然;②照应开头,结构完整;③语言简练,画龙点睛;④梳理归纳,存疑开拓。

5.教学启发

启发式教学作为一种教学指导思想和总的教学方法,已为广大教师所熟悉并不断地在实践中运用。教学检查的关键是看其是否遵循"不愤不启,不悱不发,举一隅不以三隅反,则不复也"的原则。教师要努力在教学中创设"愤""悱"的情境,具体方法有导引法、激情法、创境法、设疑法、点拨法、对比法、明理法等。教师运用启发式教学法必须把握好启发的时机,不要把"满堂问"误解为"启发式",贯彻启发式教学要注意体现关键性、及时性和实效性。

6.课堂提问

在课堂教学中实现教师主导和学生主体的最佳结合,课堂提问起着重要的作用。教师常用的提问方法有直问法、曲问法、反问法、设问法、激问法、追问法、特问法等。课堂提问要精心设计,注意目的性;要难易适度,注意科学性;要新颖别致,注意趣味性;要因势利导,注意灵活性;要循循善诱,注意启发性;要正确评价,注意鼓励性;要面向全体,注意广泛性;要因材提问,注意针对性。为了达到这些效果,教师在备课时,必须优选问题,问在关键处;选准时机,问在该问处;掌握分寸,问在难易适中处。

7.教学语言

语言是教师教学最重要的工具,是教师向学生传授知识,培养学生德、智、体、美、劳全面发展的重要载体之一。教学语言应该体现教师自身独特的教学风格。

8.教学体态语言

体态语言就是用手势、姿态和表情表达某种意思的一种无声语言,也是师生沟通的一种手段,同样能为教学服务。教师的体态语言在教学中具有帮助组织教学、增进师生感情、激发学生学习兴趣、突出教学重点、调控教学进程和提高教学效果的作用。

9.板书

板书是指教师讲课时在黑板上所写的文字、数理化公式以及所画的图表,它是为教学服务的。板书设计得好,可以帮助学生突破难点,掌握重点,进而较好地提高教学效果。最常用的是正副式板书,正板书展示的是一节课的主要内容,而副板书则是对某一主要内容的补充或注解。

四、高中教学评价概述

教学评价是教学质量管理的有机组成部分。只有明确了教学评价的含义并制定科学的评价标准,教学质量管理才能顺利进行。

(一)高中教学评价的含义

高中教学评价是当代教学管理的重要组成部分。它是以教学目标为依据,按照教学质量标准,运用现代可行的技术手段,对教学活动及其效果做出价值判断。

1.高中教学目标

高中教学目标是指预期的教学效果。纵观各国教学目标的演变,可以勾勒出如下发展轨迹:记忆现成的知识—发展智力—培养能力—塑造完美人格。这一发展轨迹反映了不同时代、不同社会的需求。由于科技的迅速发展对人才的呼唤和智力天赋观念的转变,教学目标由原来的知识传承演变扩充为发展智力、培养能力、塑造完美人格。

2.高中教育价值观

高中教学质量标准是教学评价的核心问题。科学的价值观是建立正确的评价标准的前提。当前,高中教育要全面贯彻党的教育方针,落实立德树人根本任务,培养德智体美劳全面发展的社会主义建设者和接班人,以此为依据,教育价值观就应该看学生对社会发展和经济建设的适应程度,及其在社会实践中的实际能力和创造精神所产生社会效益的大小。就普通教育而言,看它是否为社会所需要的各级各类人才奠定扎实的基础。所以提高民族素质是衡量教育价值的根本尺度,是基本的价值观。

3.高中教学质量标准

教学质量标准应以提高学生素质为依据。按照当代教育的要求,通过高中教育教学,把学生培养为社会需要的各级各类人才,一般应从六个方面进行考察:第一,是否具备与现代社会相适应的思想素质、道德观念和社会交际能力;第二,是否掌握比较全面的基础知识,并能创造性地运用这些知识;第三,是否有一定的劳动技能,并能为自己和社会创造有用的财富;第四,是否有独立、正确的见解;第五,是否具有不甘落后、奋发向上的进取精神;第六,是否具有健康的身体素质和心理素质。考查学生进入社会以后的这六个方面的综合表现,就反映了高中的教学质量。在校期间的学业成绩的优劣,仅仅是人的智力发展到一定阶段的一种表现形式,不能作为教学质量的最终结果。

(二)高中教学评价的依据

1.要以教育方针和教育目标为依据

高中教学评价要根据党和国家的教育方针,从培养德、智、体、美、劳等全面发展人才这个目标出发,遵循教学自身的规律,发展学生个性特长,促进教学改革的深入发展。当代教学质量评价非常重视从所要实现的教育目标把握教学现状,做出科学的判断。教育目标是教学评价的出发点,而教学评价的结果又是调整教育教学目标的依据。现代教学评价以教育目标为依据,评价涉及的内容非常广泛,除了评价学习效果外,还包括对学生智力、学习方法、性格、道德、态度、兴趣、价值观、身体状况、学习环境、家庭环境、社会影响等方面的评价,并且力求以相互联系、相互作用的观点,做出综合性的评价解释。[①]

2.要以教学大纲、教学计划、教科书为依据

高中教学评价是教学过程中反馈信息的监测系统,是整个教学活动的重要环节,是检验教学效果、落实教学大纲、执行教学计划、提高教学质量、强化教学管理的手段。随着教学改革的深入开展,建立一套科学的评价制度就显得十分迫切。教学评价内容应以教学大纲为准绳,以教学计划和各学科的教材、教学法理论为依托。一般来说,教师教得好,学生学得好;教师教得差,学生学得也差。但学生是学习的主体,教师的主导作用对学生来说毕竟是一种外力作用,况且教仅仅是作用于学生学的外在因素之一。因此,学的质量能在一定程度上反映教的质量,但教的质量并不能在学的质量中得到全部的体现。尽管如此,教育评价要始终以教育目标的实现程度表示教学的质量和效果。教师必须根据教学大纲、教学计划和教材的内容制定教学目标;从学生的实际情况出发,提出恰当的教学要求;紧紧围绕教学目标进行教学,想方设法地提高教学质量。

(三)高中教学评价的原则

1.科学确定评价标准

(1)效能标准

效能标准包括效果标准和效率标准两部分。效果标准就是从工作效果的角度确定的评价标准。

(2)职责标准

职责标准主要从评价对象所应承担的责任和完成任务的情况进行评价。职责标准可以使被评价对象增强事业心和责任感,关心工作的全过

---

① 康翠萍,邓锐.高等教育管理新论[M].北京:科学出版社,2020.

程并注意工作方法。

(3)素质标准

素质标准是指从承担各种职责或完成各项任务应具备条件的角度提出的标准。

教学评价标准的这三个组成部分只是基本的、主要的,而不是并列的。其核心是效能标准,特别是其中的效果标准。如果把教育系统工程比作一棵大果树,那么用效能标准进行评价,其着眼点是果实的发育和成长;用职责标准进行评价,其着眼点是培植树根和生长点。栽培果树是为了获得果实,但为了获得又多又好的果实,在一定的条件下则必须集中精力保护树干、枝叶或者培植树根促进生命力。因此,教育评价工作的评价标准可以有所不同,但评价的根本目的是使我们的教育能够提高民族素质,多出人才、出好人才,为我国的社会主义现代化建设事业做出贡献。

2.评价结果要客观

教学评价是对教学工作质量所做的测量、分析和评定。以教育方针、教学大纲、教材、教学目标为依据,对教师的教和学生的学两个方面以及这两个方面的有机结合进行整体分析,做出判定,使评价者从中得到启发和教育。因此,教学质量评价必须客观公正,不能主观臆断或掺杂个人感情,要如实地反映教师的教学质量和学生的学业水平。只有这样,才能让师生心悦诚服,调动师生的积极性。教学评价结果客观,才能充分发挥教学评价的信息反馈作用,使教师、学生、高中领导和学生家长真实地了解教学系统运行的情况,使评价成为指导改进教学工作的依据。

五、高中课堂教学质量评价

(一)控制影响课堂教学质量的因素

课堂教学质量的评价是教学质量管理的核心。只有确定科学的评价标准,课堂教学质量评价才能顺利地进行。影响和决定课堂教学质量的主要因素是教师、学生、教学内容和教学手段。要提高课堂教学质量,就要有效控制这四个因素,使其处于最优的状态。其中,教学内容、教学手段是非能动性的,而教师、学生都属于能动的可控因素。因此,控制影响教学质量最主要的是教师和学生两个因素。

1.对教师因素的控制

要保证和提高教学质量,必须组建一支高水平的教师队伍。在教学方面,学校要采取切实可行的措施,表彰和奖励在教学上成绩显著的优秀教师,还要鼓励教师不断改进教学工作,满腔热情地投入培养德、智、体、美、劳全面发展的新时代建设者的伟大工程中去。同时,学校要格外关心教师的健康状况,把教学经验丰富的教师安排到教学的第一线,并且在晋升职称时,要优先考虑那些坚持在教学第一线上教书育人成绩突出的教师。

2.对学生因素的控制

学生要充分发挥主体作用,涉及学习态度、知识基础、学习方法、智力素质、健康状况等方面,其中最重要的是前三个方面。因此,高中领导应要求教师对每个学生进行具体分析,有针对性地做好工作,控制好这五个方面使其达到最优状态。学习态度是学习动机和学习目的的外在表现,是学生各种心理状态、精神状态的总体反映,是影响学习质量的重要因素。知识基础和学习方法也直接影响学习质量。因此,教师授课要突出重点,分散难点,解决关键,注意理论联系实际,保证教学内容的科学性、思想性、系统性,有一定的深度和广度,为学生奠定扎实的知识基础。教师还要将与学科性质、教材内容、学习特点相应的学习方法教给学生,把学习的主动权交给学生,使学生能够通过自己的积极思维活动(思考、想象、分析、综合、归纳、总结等)和自学活动(读书、讨论、实验、练习等)来获取知识。

3.对教学内容和教学手段的控制

教学内容和教学手段中的物质手段,即教材、仪器、设备、图书资料及其他教学设施等,是提高教学质量的物质保证。在其他条件相同的情况下,教学内容和教学手段的优劣对教学质量有明显的影响。因此,高中应在这些方面充分满足教学的需要。教学条件较差的高中要自力更生,积极创造条件,使这些因素起到促进教学的作用。此外教师必须掌握教育学和心理学的基本知识,了解教学规律,更新与培养新时期所需人才相适应的教育观念和教育思想,不断改进教学方法,提高教学艺术。

(二)高中课堂教学质量评价的实施

课堂讲授在教学工作质量中占有核心的地位。因此,评价教师的课堂讲授质量是评价教学工作质量的核心内容。课堂教学质量评价方案的内容有以下几点。

1.确定目标

(1)确定评价的目的

课堂教学是整个教学工作的中心环节,要提高教学质量,必须上好每一节课。确定课堂教学质量评价的目的是帮助教师明确课堂教学的全部任务,促使教师采取最佳的教学方法,确保课堂的教学效果,教会大多数学生。

(2)确定评价所依据的目标

这个目标首先应该是教育方针规定的总目标,即德、智、体、美、劳全面发展;其次是根据课堂教学的任务向学生传授知识,培养学生的能力,对学生进行思想教育。教学过程是学生的认识过程,也是学生的生理、心理发展的过程。教师在教学中既要充分发挥主导作用,又要符合学生的生理、心理特点,充分发挥学生的主体作用。课堂教学过程是一个复杂的过程,因此制定评价方案要考虑各种因素。

2.建立指标体系

(1)确定要素

一般以教育理论为依据,结合高中各科教师的经验,并参照全国各地制定的评价要素及要素体系,采用因素分解、理论推演和经验总结的方法来确定教学评价要素。确定要素要坚持以下五项原则。

第一,要素与目标一致性原则。要素的确定是为了实现目标,要素的选择必须与评价目标保持一致。制定的评价要素中既应包括知识的传授、能力的培养和学生学习动机的激发,又要包括一节课教学目的的制定、教学方法的选择、教学时间的利用和教学效果的考察。

第二,要素必须有明确的定义。每个要素的内涵要明确,外延要合理。这样才能使授课教师和评价人员在评价某项要素时有统一的认识。因此,对确定的每个要素要有明确的解释。

第三,并列要素的独立性原则。并列的要素之间尽量不要存在互相包含的现象,否则得分就会出现重叠。

第四,评价要素要反映各科教学的共性。因为所制定的"课堂教学质量评价量化表"是对各科教学通用的,所以要素必须反映各科教学的共性,但也要反映各科教学的特点及各类不同程度学生的情况。

第五,评价要素的确定要符合可行性原则。确定的评价要素要尽可能便于操作,并且可通过实践观测。

(2)要素的内容

"课堂教学质量评价量化表"确定的要素共有七项:教学目的、教学结构、知识的传授、能力的培养、学习动机的激发、教学有效时间和教学效果。教学目的是一节课的灵魂;教学结构指一节课中各教学环节的安排;知识的传授是课堂教学质量评价的重要因素;能力的培养是课堂教学的重要任务,除了一般能力的培养外,还包括各科学习中特殊能力的培养;学习动机是直接推动学生进行学习的内部动力,它表现为学习的意向、愿望或兴趣等形式,对学习具有推动作用,决定了学生学习的方向和进程,影响着学生的学习效果,教师重视对学生学习动机的激发,才能使学生成为学习的主体;教学有效时间是为确保教学效果,必须充分利用每一节课的时间;教学效果是评价一节课所取得的效果,可以用本节课应传授的知识和应培养的能力进行课后小测验的全班成绩的算术平均数表示,为使重点高中和普通高中进行比较,趋向合理,也可将原始分数改用标准分。[1]

---

① 傅树京.教育管理的理论与实践探索[M].北京:人民出版社,2020.

（3）各要素分配权重

确定一节课的要素后，就要根据每个要素在总量中重要程度的不同进行加权，权重的分配方法有经验加权法和数学加权法。最常用的是数学加权法中的间接数学加权法，即用一定的数学手段调节凭经验的定性权数，使之趋向精确化。

（4）建立标准和计量体系

具体标准和计量方法是把各要素的评价分为四个等级，用符号 A、B、C、D 表示各要素达到要求的程度：A 级为全部符合要求，B 级为 75％符合要求，C 级为 50％符合要求，D 级为 25％符合要求。对各等级给予等距加重权数，A 级的加重权数为 1，B 级的加重权数为 0.75，C 级的加重权数为 0.50，D 级的加重权数为 0.25，各等级的得分等于自重权数乘加重权数。

第四章 多元化理念下的高中教学管理

第一节 以人为本理念下的高中教学管理

一、以人为本教学管理概述

（一）以人为本教学管理的内涵

从本质上说，以人为本的教学管理指的是在学校的具体教学管理过程中对人本管理加以运用，也就是说在高中教学管理中怎样看待人，怎样以人的发展规律和本性为依据对人实施的管理，基本指导思想为尊重人、关心人、解放人、激励人、发展人，并将人视作管理主体，对学校各类资源加以开发利用，让它们更好地为师生服务，从而促使师生目标和学校目标都顺利达成。概括地说，以人为本的教学管理内涵包括以下几点内容。

1. 在具体的教学管理过程中，"以人为本"指将师生的发展和成长作为根本

在学校教学管理系统中，人在学校教学管理中占据着非常重要的地位。要想将"以人为本"真正落实到高中教学管理中，就要对师生意愿予以尊重，让他们能够按照自身的发展规律成长，并依照教育教学的本质规律来处理各项事务。学校的人力资源比其他的人力资源更具有智力性、知识性和教育性。它对教学管理也提出了特定的要求，既要尊重人，激活和调动人的创造力、积极性，还要实现对人的塑造和发展。并且此种尊重不能只进行浅层次的人文关怀，而是要统领高中精神，对价值追求加以引导，对管理对象中的人在观念层面上加以隐性的、潜在的再造。此外，还

要用学校目标对教师加以影响,让教师实现正确的价值选择、提高人文境界、转变生存观念、形成现代理念,让学校目标和个体追求在理性方面得到整合,从而达到推动组织发展、促进个人全面发展的目的。

2.在高中教学管理中,"以人为本"是根本的指导思想

以人为本应统领高中教学管理并渗透其中,否则管理模式就会发生一定的异化。以人为本的思想应该贯穿高中教学管理的所有行为和环节中,比如制定教育目标、分配教学任务、建设教学环境、制定与执行教学管理决策、选择教学内容、实施教学过程、选取教学手段、教学评价等,并且要在一切环节中体现出对人的理解、尊重和信任,从而发挥出对人的发展起的促进作用。

(二)以人为本教学管理的具体内容

高中教学管理始终以学生为出发点和归宿,以教师作为教学管理的核心和动力。高中师生素质和能力的高低实际上标志着高中教学管理的成败。因此高中教学管理要始终将教师和学生当作根本。

1.以学生为本

高中教学管理以学生为本的原因主要有以下几点。

(1)学生是高中的生存之本,是高中存在的关键客观依据。高中是为高中生而开设的,开办高中就是为了培养出更多的高中生,如果没有高中生,教室、硬件设施、软件服务等都成了虚设,不再具备存在的价值。高中是培养人才的机构,以学生为根本,培养出更多的人才是高中的一项基本使命,同时也是高中教师的首要职责所在。

(2)人们对学校的选择,督促高中以学生为本。当前的求学者有着比原来更强的主体意识,家长和学生都会依据自己对高中的了解、观察和判断来选取学校。毫无疑问,只有那些重视学生利益、注重学生需求、努力对人才培养过程进行优化的高中才能受到家长和学生的信任和认可,这就会促使高中将学生作为根本。

(3)学生是高中的发展之本。提高高中知名度的首要传播者就是学

生,通过学生来传递高中信息实际上具有战略意义,并且学生也是提升教学质量的一个关键因素。良好的学生关系能够提高学生自身的学习效果,也能让学生更加理解和认可自身所在的高中,并且自觉对高中形象进行维护。将学生视为高中的发展之本,其原因是高中也要发展,并且发展的关键在于学生是不是有特色、有质量,但学生的特色和质量又是由学生的发展水平决定的。因此,学校要始终以学生为根本,提升培养人才的质量,推动学生的全面进步和发展。

2.以教师为本

高中教学管理还要将教师视为根本,原因有以下几点。

(1)教师是高中的核心教育教学资源。教师是高中发展和变迁的核心力量,是高中的灵魂所在,教师的职责在很大程度上决定着学生的发展。教师是高中服务学生的一种重要资源。如果高中没有了教师,那么就无法成为高中。如果高中没有教师所提供给学生的优质服务,那么就没有高质量的高中教育。

(2)教师是落实高中任务的主要人员。高中应围绕人才培养开展各项活动,并保证自身的教育教学质量达到国家的相关标准。然而,无论是教学活动、科研活动还是其他活动,教师都是最主要的实施者。从这一角度来说,高中定然要将教师作为自己的根本。

(3)让学生享受优质教育服务的一个重要前提就是调动教师的积极性。若是将高中视为某种教育服务组织,那么让"顾客"(学生)满意是该高中生存和发展的重要根基,也是高中要始终遵循的原则,而让学生满意往往是通过教师的教育教学工作实现的,是以教师的优质教育服务为基础的。高中只有落实以人为本的满意管理,才能使教师的积极性得到充分的调动,让他们对人才培养工作更加热爱和忠诚,并且开展有效的教学活动,积极提升学生对高中的满意程度。

应特别指出的一点是,学校应对以教师为本和以学生为本的关系进行恰当处理,这二者不可偏废,要同时坚持贯彻,并建立起新型的师生关系。教育工作从本质上来说就是培养人才,高中里的一切任务都应将育人视为核心,同时育人也是教师的关键职责。教育的现代化要求师生之间形成平等的关系。当然,师生关系的平等不意味着对教师的主导地位进行否定,而是让教师对学生持尊重和关爱的态度。以教师为本,首先要求教师做到自尊、自爱、自律、自重,做到学为人师、行为示范,同时还包括高中对教师的关爱和尊重。高中要在代表教师根本利益的前提下,对教师加以引导,让他们自觉承担育人使命,同时还要把以学生为本和以教师为本进行有机结合,唯有如此,高中教学管理工作才能取得实际成效,教育教学改革才能持续推进。[①]

二、以人为本教学管理优化的策略

在实施以人为本的教学管理的具体过程中有几个关键因素——校长、学校文化、教师、学生。校长是其中最关键的因素,只有校长切实树立起以人为本的理念,对教学资源建设进一步加强,对以教师和学生发展为本加以贯彻落实,营造优良的高中文化,才能真正地将以人为本的教学管理落到实处。

(一)贯彻落实以人为本的校长理念

1.树立以人为本的校长理念

作为高中的法人代表、学校管理的第一责任人和主要领导者,校长的理念对学校其他人员的理念起着非常重要的影响作用。所以,校长要不断完善自我,让自身具备更加健康的体魄和更加高尚的品德,在加强自身领导能力、心理能力和自信心的同时,形成良好的行为规范,树立先进的思想观念。校长要用自身的规范行为和新颖理念熏陶、帮助、教育和影响全校师生,并努力成为师生成长的行为准则和力量源泉,从而进一步为教学管理提供强劲的推动力。因此,校长树立以人为本的理念是一个基本

---

① 江树宇.高中教育管理理论与实践[M].成都:四川大学出版社,2017.

前提,只有在这一前提下,学校领导才能接受和形成先进的教学管理理念,教学管理人员以及教学管理改革的实施者才能把以人为本作为具体指导思想,把以教师为本和以学生为本落在实处,并在工作方案、工作理念、日常管理工作、制度实施、制度建设中将自身的创造性和主动性充分发挥出来,始终做到解放人、尊重人、塑造人、依靠人等以人为本的思想,从而真正做到以人为本的教学管理。

2.进一步加强教学资源建设

如果说树立以人为本的理念是先导,那么教学资源建设就是基础。如果教学资源不充足,那么就无法将以人为本落到实处。所以说,学校领导要在校长的带领下发挥出"千辛万苦""千言万语""千方百计"等精神,努力筹集经费、招贤纳士,让师资队伍、教学设施、课程等基本的教学建设工作变得更强,从而为以人为本的教学管理的贯彻落实奠定坚实基础。

(二)贯彻落实以教师发展为本的理念

1.尊重教师,推动教师专业化发展

作为高中的关键主体,教师是学生成长的引航员,是具体落实教学活动的重要力量。高中要灵活运用多种手段和方法促进教师全面发展,并调动他们在开展教育教学工作方面的智慧、创造性和能动性,让他们在完成任务时更加积极主动,从而为以人为本的教学管理改革打下牢固根基。

(1)给予教师尊重和信任,承认教师的主体地位

教师是有文化、有修养、有知识的一类人群,因此他们更加需要他人的尊重,并且需要满足自我实现的愿望。因此,高中管理者要予以教师充分的尊重,承认教师在高中教学管理工作中的主体地位,对他们的作用做出正确的估计和评价,并发挥各个教师的特长;要对教师的权利予以充分尊重,信任教师拥有无尽的才能和智慧,并积极鼓励教师参与到高中具体的教学管理工作中来,激发教师的工作动机和主人翁意识,让他们更加积极地参与到教育教学的工作中。

（2）创造条件，提升教师业务水平

高中不仅是学生成长的摇篮，也是教师发展的园地。若是教师自身得不到发展，那么学生就难以在人格和素质方面得到更好的发展和提高。教师期望自身的人生价值能够实现，因此他们需要持续汲取新的养料，使自身得到丰富和提高。只有教师具备更好的能力和素质，才能为学生提供更好的教育服务。从这方面来说，高中必须为教师提升业务水平创造相应的条件，以推动教师全面发展。同时，教师自身的全面发展也是高中发展的一个重要保证和前提。各高中要激发和鼓励教师的创新精神和探索精神，让他们通过摸索和研究来逐渐形成自己独特的工作作风和教学风格，并对教育教学规律加以创造性的运用，将自身的能动性充分发挥出来。高中应努力将自身打造成学习型组织，引导教师树立终身学习、全过程学习、全员学习以及团体学习等观念，为教师营造优良的学习氛围以及开放式的管理氛围，真正让教师参与到学校管理的具体事务中来，让学校和教师形成共同的价值观，让教师把学校的意志与个人意志相融合，从而形成更强的学习动力。此外，各高中还要积极为教师提供各种在职培训的机会，帮助他们各方面得到提升，并且还要采取多种鼓励措施，适时对教师提出相应的发展要求，让教师通过培训得到更多的提高和进步。①

2.树立四个管理理念，促进教师全面发展

以人为本的教学管理除了突出强调信任人、尊重人、依靠人、关心人、塑造人、发展人等理念，同时也强调自主管理、情感管理、参与管理及制度管理等。

（1）树立"情感管理"理念，提供给教师优良的心理和生活空间

对师生和其他员工的工作积极性加以调动，消除消极情感所带来的负面影响是高中教学管理活动的一项重要任务。因此，高中管理者要对教师的情绪、情感和体验等因素加以重视。高中应努力营造和谐、融洽的

---

① 李军靠,冯晓红,丁一鑫.新高考视域下普通高中教育教学改革研究[M].北京：中国社会科学出版社,2020.

校园环境,让教师之间或者师生之间避免产生摩擦和误会,让师生的情感都能够通过合理的渠道表达出来,从而维持情绪的稳定,并在舒适、轻松、愉悦的环境中开展工作、学习和生活。特别是当今时代,高中师生所面临的竞争压力和升学压力越来越大,在面对过大的压力时,师生的自我调节能力往往会降低,此时就常会导致心理失衡现象的出现。若是这些问题无法得到及时有效的解决和调整,就会对师生的社会适应性和身心健康等方面造成非常不利的影响。所以,对高中师生的身心健康予以关注,为他们打造优良的生活空间和心理环境是当今时代高中管理的一项重要任务。

(2)树立"制度管理"理念,培养教师良好的工作习惯

尽管上述"情感管理"理念对人的主体性加以突出强调,但这并不意味着"以人为本"排斥一切理性。学校是对学生进行教育培养的场所,所以学校有责任确保教育教学工作的顺利开展和稳定高效地运转,因此必须用相关制度对其进行规范。毫无疑问,在制定教学管理制度时,既要与相关的政策规定和法律法规相符合,又要与师生成长发展规律、教育教学规律等相符合,此外还要发扬民主精神,征集广泛意见,使之能够调动大部分人的主动性、积极性和创造性,并得到大多数师生的拥护和支持。而在执行教学管理制度的过程中,要一律平等、奖罚分明,还要注重以导为主,以德为辅,寓理于情,让管理工作更加人性化,让规章制度在执行时产生认同、教育等作用,让师生在潜移默化的过程中将制度内化成自身的优良品德和自觉观念。

(3)树立"民主管理"理念,调动教师的责任感

开展以人为本的教学管理,还有一项重要内容——培养师生的主人翁精神,增强他们的责任感,让他们成为教学管理活动的重要参与者,让教师通过参与教学管理活动实现自身的价值,并满足自身的自我实现需要。因此,在做出具体的决策之前,高中教学管理者要运用多种民主管理渠道,听取教师在高中教学管理方面的建议和意见,这既能让教师具有主人翁意识和责任感,又能够让决策更具有科学性。与此同时,教师还要依

照高中的发展目标,积极制订计划、自主实施控制,并最终实现目标,让参与教学管理互动转变为对管理的自觉实施,从而实现层次更高的自主管理。

(4)树立"成功管理"理念,使教师自我实现的需要得以满足

人人皆渴望获得成功,富有创造力的教师更是如此。学校应该为教师搭建各种平台,为教师自我价值的实现提供帮助。而从管理者的角度来说,既要为教师确立发展目标提供帮助,又要给予教师前进的动力和一定的压力,并且积极创造能够促使教师获得成功的各种条件,同时设置激励制度,给予表现优异的教师奖励或表彰,让教师享受成功的喜悦,体会自我实现所带来的价值感。

(三)贯彻落实以学生发展为本的理念

以学生发展为本,是以人为本理念在教学管理中的具体运用,它突出强调在管理学生的过程中要尊重学生的人格和自尊,并给予学生一定的帮助,让他们充分发挥自身的价值和潜能,并实现自身的全面发展。

1. 对学生的身心发展基本规律与需要予以尊重

素质教育要求遵循学生身心发展的规律开展各项教学和管理工作,要让学生的身心都得到全面、健康的发展。所以说,学校要尊重学生的人格和需要,在不违背学生身心发展规律的前提下创设更具人性化的学习条件,培养学生广泛的兴趣和探索、研究的积极性,让学生能够更加积极地探索未来的道路。

在制定和完善人才培养方案的过程中,要以学生的智能结构、知识水平和接受能力作为重要依据,来确定课程学习的先后顺序以及课程类别等,并依照实际情况随时加以调整,使其更加适应学生的学习情况。在教学管理的具体过程中要始终坚持以教师为主导,以学生为主体,要依照学生的具体学习情况来选取最合适的教学方式、方法来提高学生的学习兴趣,为学生走向成功奠定基础。在教学基本建设方面,比如教室、体育设施建设、实验室等,要对学生的身心健康需要和发展予以充分考虑。在平

时的工作中,要密切关注学生学业,给予针对性指导;要考查学生品质,让学生非智力因素和智力因素等均得到协调发展;要及时发现学生的心理问题,给予疏导和咨询,保证学生心理方面的健康,让他们能够全身心地投入学习活动中。在具体的工作细节方面,要以学生需要为依据来进行设计,例如,为了让新生在最短的时间内熟悉学校的环境,可以在入学时给新生发放《学生手册》,其中不仅要包含各项规章制度和注意事项,还要包含校园概览、课程表,以及学校各个主要领导、学科带头人、名教师等的介绍和照片等;学生毕业时要邀请家长一同参加毕业典礼;校长亲自与毕业生合影等,还可以在毕业后对学生开展各种学习方面的调研等。总的来说,就是要灵活运用各种手段和方法,给学生的生活、学习和发展提供最好的服务。切实将关爱学生、尊重学生落到实处。

2. 对学生的自主选择权利予以尊重

每一位高中生在智能结构、知识水平、兴趣爱好等方面都各不相同,并且他们的理想也定然是存在差异的,那些学生不感兴趣的、与他们的奋斗目标等不一致的事情,学生通常不会去选择。在教学管理的过程中,学校要给予学生充分的信任,在管理的各方面都要尽量尊重学生的意愿和兴趣,尊重学生做出的选择,尽最大努力为学生创造条件,让他们在选择教师、学习方式、学习进程等方面的需求得到最大满足,从而促进他们的健康成长。在此过程中,学校要对学生进行必要的引导,但这种引导并非起决定性作用。

3. 对学生发展的个性差异予以尊重

传统意义上的教学管理往往对共性加以强调突出,而忽略了学生的个性,以学生为本的教学管理要对学生之间的个体差异予以充分的尊重。尊重差异有以下几个内涵。

(1)承认学生在发展过程中是存在差异的。教学的作用就在找到学生的发展起点,让他们在自身的基础上得到最优的发展。

(2)承认每个学生的发展都具有独特性。人的智力是多维度的,其中包括言语、音乐、操作、人际交往能力、身体动觉等,教师要对学生的发展潜力和聪明才智等加以挖掘和发展,并激发出学生的创造力,让学生形成自己独特的个性和特色。教师要热爱自己的学生并对他们有一个全面地了解,以学生的生理、心理、年龄等特征为依据开展教学活动。在教育教学活动的具体过程中,教师既要处理好全面发展与个性发展的关系、统一性与灵活性的关系,还要处理好个别性与共同性的关系。切实把握好每个学生的发展起点、发展潜能,开展分层教学,加以区别指导,灵活运用多种模式对学生进行培养,让学生能够实现最大程度的成长和发展。

4.重视学生的全面发展

学校开展教育的目的不单单是向学生传授知识,其最终目的在于最大程度地推动学生发展。所以,学校应是帮助学生发掘和提升潜能的场所,是能够给学生提供最大帮助的地点。在课程的设置、教学计划的制订、教学建设的实施、教学过程的管理、教学质量的评价等方面,应以适应和促进学生的全面发展为根本目的。在开展教学评价时,不仅要对学生的课业成绩加以测评,还要关注学生各个方面的潜能,把握学生具体的发展需求,帮助学生树立自信,形成对自我的正确认识。在教学过程中,不仅要注重知识和技能的传授,还要对学生加以引导,让他们形成更加积极主动的学习态度,从而让他们在习得知识和技能的同时掌握学习方式,并逐渐形成正确的价值观。从课程结构的角度来说,要以各地区和学生的具体发展需求为依据来制定,并且要注重课程结构的综合性、均衡性和选择性。在教学方式和教学内容方面,要注意将课程内容和学生的现实生活联系起来,把握学生的学习经验和兴趣,引导学生主动探究和参与,提高课程对学生的适应性。归结为一句话,就是要通过教学管理推动学生的全面发展。

5.建立平等、民主的师生关系

教学活动需要教师和学生的共同参与,学生的发展是在师生彼此作用和影响的过程中实现的。师生关系的类型不同,那么给学生的人格发展带来的影响定然也是不同的。以人为本的教学管理倡导的人际关系定然是平等、民主、和谐的。在实际教学过程中,教师应该积极和学生进行互动,实现和学生的共同发展,平衡好传授知识和提升能力二者之间的关系,并注重对学生自主性和独立性的培养,引领学生开展调查、质疑和研究,让学生经过教师的指导能够开展个性化的自主学习。① 教师应对学生的人格和个体差异予以充分尊重,并尽量满足学生在学习方面的需要,积极创设相应情境引导学生主动参与到学习活动中来,让他们形成掌握和运用知识的能力和态度,并在此基础上得到充分的发展。

6.给予学生参与教学管理的机会

为了增强学生的主体意识和主人翁精神,学校要对学生的权利给予尊重,给学生提供参与教学管理的途径。例如,可以设置"教务处长信箱""校长信箱"等,让学生通过投递信件将自己在教学建设、教学管理、教学改革方面的意见和建议等传达给校长和相关管理人员。相应地校长、处长等也要认真对待学生的信件,专门抽出时间阅读信件并及时给予反馈。此外,校长、处长等还可以抽空与那些提出合理化建议和意见的学生进行面对面的交流。上述内容都能够让学生体会到实现自我价值的感觉,并且能够有效调动学生参与到学校管理中来的主动性、积极性和创造性。

7.给每个学生得到赞赏、感受成功的机会

让学生感受成功的喜悦,能够成为学生积极投入学习活动的有力动机,同时也有利于学生形成端正的学习态度和稳定的情绪,能够帮助他们树立远大理想,形成健全的人格。以人为本的教学管理既重视在教学过程中激发学生的积极主动性,又强调让学生获得成功的愉悦感,促使他们形成强烈的主体意识和积极向上的乐观心态。所以,学校在开展教学时,要运用多种教学方式让不同的学生都拥有体验成功的机会,为他们创造体验成功的条件和机会,让他们学会交流、倾听和表达,学会协作学习,并

---

① 梁茜.普通高中教育过程公平研究[M].北京:中国社会科学出版社,2023.

体验成功。作为教学活动的主要实施者,教师要学会因材施教,有针对性地帮助学生,让他们感受到成功的快乐和喜悦,并且教师要相信每一位学生都具备成功的潜质。此外,教育者和管理者也要创造相应的条件,制定相关激励制度,引领学生取得成功。

(四)营造以人为本的学校文化

在以人为本的管理中,最高层次、最高境界的管理就是文化管理。学校文化指的是在长期的办学过程中全校师生员工所共同培育形成并且一起遵循的价值标准、最高目标、行为规范和基本信念,它是一种教育文化、管理文化、组织文化。优良的学校文化影响着师生的成长和发展,对他们起到一定的"浸润"作用。因此,依靠学校文化开展管理活动,可以有效地让师生形成共同的行为规范和价值观念,并且能够让学校和师生之间有效建立起合作伙伴关系。文化管理和制度管理的不同在于高中文化管理更加侧重依赖理念、价值观和道德的力量,它更加注重人内在的自律和自觉,其管理境界更高。如今社会文化生活变得越来越多样化,人们在的思想观念也和以往有很大的不同,只依靠管理者的个人智慧和刚性制度的约束来进行高中教学管理,已经难以取得理想的效果,文化氛围在此时便凸显出强大的作用。因此,各高中要在开展教学管理活动的过程中,积极构建具有自主性、独立性且富有特色的学校文化,并使之成为全校师生共同的行为准则和价值信念,从而对他们产生积极的影响,并最终达到满足个性的需求,将师生的积极性和智慧等充分发挥出来。

依照由深层到表层、由内到外的变化过程,可以将学校文化的结构分成四个方面——学校精神文化、学校制度文化、学校行为文化和学校物质文化。其中学校精神文化集中体现着学校文化,是学校文化的深层表现形式;学校制度文化、学校行为文化和学校物质文化这三个方面则是学校精神文化的载体和基础,能够对学校精神文化起到一定的积极作用。

1.学校精神文化

学校精神文化指的是在较长一段时期的教育实践过程中,学校受到特定意识形态、社会文化等方面的影响而逐渐形成的被师生认可并接受的文化观念和精神成果，它通常表现为学校传统、学校风气、教职员工的思维方式等，学校精神文化集中体现着高中的整体精神面貌。具体而言，学校精神文化包括三方面内容——学校价值观、学校精神、学校形象。

学校价值观指的是在高中教育教学活动中师生共同推崇的目标和基本信念，同时学校领导和师生都把它作为判断事物的标准。学校价值观一旦得以确立并受全校人员认可，就会成为学校在生存和发展过程中的重要精神支撑，并且引导和规范着全校人员的言行，让全校人员在问题上形成某种共识。高中领导若是能够依照学校价值观对师生的言行加以启发和引导并且对自身进行反省，那么所作的决策就会更容易得到师生的支持和理解，使师生自觉以学校整体目标为标准来调整自己的行为和目标；师生以学校价值观为依据规范自己的言行并时常反省自身，就能够形成教育合力，有利于提升教育教学效率。所以，学校领导要倡导师生都参与到讨论中来，广泛收集师生意见，以便具体定义学校的整体、群体和个体的价值观，并最终制定出学校价值观。讨论得越充分，价值观涵盖的内容就会越细，全校师生就能更加精准地了解和把握校方的要求以及自身的努力目标。通过这种讨论，既能让师生更加认同学校的价值观，也能最大限度地调节学校整体价值观、群体价值观和个体价值观三者之间的关系，让它们变得更加和谐。①

学校精神是学校在具体办学实践中为了谋求发展而形成的学校主导意识，它是经过培育形成的，并且蕴含着学校自身的个性。它往往被概括为哲理性的简洁表达，并以校训、校歌、校徽等形式作为具体载体。学校精神具有强大的"文化效应场"，它对全体师生起着熏陶和影响的作用，能够让他们的行为在潜移默化中更加符合学校精神的相关要求，并最终实现自身素养的提升。

学校形象具体指的是家长和社会对学校的整体印象，是一所学校文

---

①　刘茂祥.普通高中与中职校的沟通机理研究［M］.上海：上海科学技术出版社，2017.

明程度和整体素质的综合表现,同时它也是直接体现学校文化的一种外在方式。如果一所学校拥有良好的学校形象,那么就意味着学校拥有一笔十分宝贵的无形资产,它能够带给学校较高的社会认同度和良好的社会效应,并最终得到由良好的社会效应所带来的无形的高回报。优良的学校形象能够使学校向心力得到增强,使师生形成一定的荣誉感,让他们在得到心理满足的同时更加认同和拥护自己的学校,同时也能为学校的招贤纳士提供十分有利的条件。从学校的角度来说,学校形象主要由校风、校貌两方面构成。校风即学校风气,具体涉及校长的领导作风、学校的服务风格、学生的学风以及教师的教风。校貌即学校外在表现出来的风格与特征,具体包括学校的办学环境、办学实力、行为规范和办校标志等。校貌是学校给他人的"第一印象",它能够非常直观和鲜明地让外界在较短的时间内了解学校特色,并形成一种感性认识,但这种认识仅限于知觉方面,因此它较为肤浅,所造成的影响力也十分有限。而校风相对来说较为含蓄,它是学校内在的风格特征,尽管对外界的影响力较小,但它在根本上决定着学校外在风格和特征的发展方向,并且能对外界公众的态度、情感等产生深层且深远的影响。所以,在对学校形象进行打造时,要注重这两方面的平衡,并要将重点向校风塑造方面倾斜。

2.学校制度文化

学校的精神文化催生了学校制度文化。学校制度文化具体又包括学校组织结构与学校管理制度。前者是为了达成学校目标而构建起来的内部的各个组成部分以及它们之间关系的形式。该形式明确了多方面的权利和责任,比如确立了学校所有成员的工作规范、沟通方式、工作程序、工作范围、行为标准还有学校管理部门和人员的责任和权利等。如果学校的组织机构设置得科学合理,并且和学校的具体发展要求相适应,那么它就能对学校的发展、教学质量的提高以及目标的达成、以人为本教学管理的实施等起到极大的促进作用。所以,各高中要以自身的发展任务、目标、外部环境和内部条件为主要依据,对学校职能进行科学的设计和分析,并构建起组织结构的基本框架,明确各管理部门、岗位及其职责,确定各部门和管理层之间的控制方法和协调手段,明确所有管理事务的标准、方法及程序,配备相应人员,在科学设计制度的同时,不断加以修正使学校组织机构逐渐得以完善。学校管理制度是在学校具体的教育教学实践过程中形成的,它是由学校制定并对学校各项行为事务起着规范保证作用的各种条例与规章。依照管理层级的不同,学校管理制度包括:国家制定的管理制度、地方教育行政部门制定的管理制度和学校制定的管理制度。前两者比后者更加宏观,在适应性和普遍性方面强于后者。而后者则在现实针对性方面更佳,它能够确保学校的师生可以合理地开展个人活动,并且能够对校内人员的共同利益起到维护作用。从学校精神塑造要求的角度来说,制度要有一定的精神文化色彩,特别是要对学校精神文化方面的条款加以突出,比如发展目标、素质要求、价值观念和作风态度等。在让制度更具有灵魂的同时,学校领导也要注意在制定和执行规章制度时要保证其人性化,唯有如此,学校的规章制度才能渗透到校园内部所有人员的心理层面,并将其应有作用充分地发挥出来。

3.学校行为文化

学校所有师生员工在开展教育实践的具体过程中所产生的一切活动文化,就是学校行为文化,它动态地体现着学校作风、学校精神、人际关系和学校面貌。如果一所高中拥有优良的学校行为文化,那么必将对其教学管理改革产生显著、普遍和深远的影响。很多方面的行为文化都会对学校的改进产生一定影响,比如同心协力、信任与信心、赏识与认可、参与决策、传统、开放性沟通等。学校要大力发扬团队精神,倡导彼此协作;要鼓励管理人员和教师团队探究和实践新技巧和新思想,给予教师充分的信任,并有针对性地支持,让他们变得更加卓越;要对教师的优秀表现给予鼓励和赞扬,并要定期给教师举办庆祝会,营造教师团队和谐友好的氛围;要让更多的师生员工参与到学校的决策中来;要构建更加开放和诚实的沟通渠道,让校内所有师生员工对彼此坦诚以待,能够诚恳地说出自己的意见,以避免误会的产生。

4.学校物质文化

学校物质文化属于表层学校文化,它主要从物质的形态体现出来,比如学校的文化设施、标志和环境等。通过学校标志往往能看出教育的特点，它体现着学校自身的特色。常用的学校标志有校旗、校徽和校训等。学校环境通常指的是师生员工工作、生活和学习的主要场所。若是校园能够给人优雅舒适的感觉，就能有助于稳定师生的情绪，陶冶他们的情操。学校的文化设施主要有图书馆、人文景观、校园网络设施等，图书馆能将精神食粮提供给全校人员，丰富图书资料、更新图书内容，使图书资料的效益和利用率得到极大的提升，这无疑对学校的文化建设起着非常积极的作用。校园网络设施其实是教育信息化和现代化发展到一定阶段的产物，齐全的网络设施能够方便师生通过网络来搜集和检索自己所需要的资料，使他们能够通过互联网开展自主学习活动，并利用网络实现师生之间或者生生之间的交流讨论和互动反馈等。人文景观也是校园文化中不可或缺的一部分，如果学校的人文景观能够较好地体现学校文化，并且对学校物质文化起到补充和丰富的作用，那么它就能在无形当中对师生产生积极的影响，激励他们在工作和生活中不断开拓进取，追求人生新的高度。

第二节　全面发展理念下的高中教学管理

一、全面发展理念的内涵

要想切实把握人的全面发展思想，首先要把握人的本质。根据马克思的观点，人的本质是所有社会关系的总和。也是在这一观点的基础上，马克思对人的全面发展的内涵进行了揭示。

（一）人在智力、体力方面的全面发展

人的全面发展的含义包括多个层次，但智力和体力的全面发展是最基本的，也是人的全面发展的核心所在。人存在和发展的具体方式就是劳动，人类在劳动过程中实现了对自身和对客观世界的改造，并且通过劳动达到了发展自身的目的。而无论何种人类劳动，都需要一定的心理基础和生理基础，即人的智力和体力，劳动过程就是人类运用智力和体力的

过程。因此,马克思突出强调人类应实现智力和体力的协调发展。[①]

(二)人的社会关系的全面发展

按照马克思的观点,一个人能够发展到何种程度主要是由社会关系决定的。也恰恰是在和他人的具体交往中,人类实现了情感、心理、信息等方面的互动交流,并受到启发,博采众长,在交往过程中让自身变得更加充实和完善。随着历史进程的推进和社会的进步,人类会参与到多个层次、多个领域的实际交往中,换句话说,人类将通过整个世界的精神生产和物质生产实现普遍交换,让个人不再受到地域、民族等的局限,而是具有更加先进的观念和开阔的视野,更具备聪明才智,并在对社会利益进行服从的同时赢得历史和社会对自身的尊重,发挥出自身价值,在交往过程中让自身的社会关系变得更加全面和丰富。

(三)人的需要的全面发展

人的内在本质规定了人必然存在着需要。人的需要推动着人从事各种活动。为了让自己的需要得到满足,人类会进行劳动或者从事其他的社会活动,而当需要得到满足之后又会生出一些新的需要。需要得到了满足意味着外部世界和人类逐渐同化,并且转化成人类的一种发展因素。需要的发展证明了人类的本质力量,并使人的本质更加充实。按照马克思的观点,人在生产和发展过程中存在着诸多需要,其中既包括物质需要,又包括情感、道德、精神和审美等方面的需要。人不但需要外在的物质世界,同时还需要精神世界赋予生存更多的意义。

自然经济形态不具备较高的生产力,因此社会产品较为缺乏,为了能够生存下去,人们往往更多地在满足生存所需的物质需要。资本主义工业的到来极大地提高了人类社会的生产力,使人类的物质生活水平得到显著提升,人类的物质需要基本被满足。但此时人的精神发展却严重滞后,精神需要无法得到发展和满足,因此人类的精神呈现出空虚、贫乏的状态。到了共产主义社会,生产力将高度发展,有更加丰富的社会产品,

---

[①]　刘绍荃.教育创新的成都实验[M].成都:四川科学技术出版社,2017.

并依照"按需分配"的原则进行分配。作为共产主义的初级阶段,社会主义也在为实现人的全面发展做着各项准备。只有到了社会主义社会和共产主义社会,人的需要才具有多面性和丰富性,不再突出和急迫地满足自身的物质需求,而是更加注重物质需要、精神需要的共同满足。因此,在人的全面发展中,人的需要的全面发展是关键。

(四)个体与社会的全面发展和协调统一

这一方面是从社会背景出发对人的全面发展进行把握的。人并非孤立、抽象的,而是存在于社会之中,社会借助人的劳动不断发展,并且外在地表现着人类本质,标志着人类的具体发展水平。与此同时,社会条件是人类存在的重要基础和前提,它对个体的发展既起着促进作用,又起着制约作用,从这一方面来说,人类的发展和社会的发展具有同步性,并且是一体两面的关系。根据马克思主义的观点,个人和集体、个人和社会是统一的,个人只有在集体中才能得到全面发展。人的全面发展既要以社会的高度完善和全面发展为基础条件,又要以推动社会全面发展为重要目的。

二、基于全面发展理念的高中教学管理

(一)贯彻主体性理念

主体性的教育理念,其核心在于对受教育者的主体地位予以充分尊重,从而使学生的学习动力和自身潜力得到最大限度的开发,让他们不再是处于被动地位的接受性客体,而是转变成具有积极主动性的教育中心和主体,让教育过程切实地转变成学生的自主活动和建构自身知识体系的过程。

举例来说,基于网络的教育属于主体性教育的范畴,它对学生的主体价值进行了充分肯定,并注重对学生的能动性进行调动。如今的高中生有着张扬的个性和独立的思想,具有较强的自我意识和表现欲望,同时他们也渴望得到他人的理解和尊重。将网络融入教学过程中能够减少当面教育的拘束感和压迫感,给教师和学生营造出更加平等、和谐的交流氛

围,破除交流过程中的障碍和压力,让来自外界的教育活动顺利转化为学生自主接受的学习活动。所以,学校教育工作者在教育过程中要积极运用网络开展各种形式的学习活动,采用主体性教育模式来引导学生借助网络搜索知识,让学生的自我教育能力不断得到提升,并且增强教育主客体之间的互动和反馈,从而让学生在参与、了解和享受的过程中有所感知、触动和启发。

(二)贯彻问题导向理念

高中教育在开展的过程中,要和学生的思想实际紧密结合起来,教师和管理者要及时了解学生在学习和生活方面的困惑,并且灵活运用各种沟通方式为学生排忧解难。教育者要针对不同教育对象的特点,了解他们的思想状况,因材施教,开展分层教育,帮助学生分析产生问题的原因,并积极提供方法帮助学生解决问题;要以使学生的需求得到满足为目的,提升学生的能力为任务,不断增强学生的主体性,并且将积极的正能量传递给学生,用自身的真情实感和人格魅力引导学生正向发展;还要尊重每个学生的心理感受和个体差异,用真实的情感态度理解学生的需要,并将工作落到实处,为学生排忧解难。总之,教育者要始终遵循问题导向原则,贯彻落实全面发展的要求,使学生教育工作变得更加具有感染力、实效性和针对性。

(三)深化教育改革是做好教学管理工作的核心

要想切实做好教学管理工作,就必须对传统教育进行改革,取其精华,去其糟粕,全面实施新型素质教育,从而实现学生的全面发展。

1.改革教育体制

国家应持续对投资体制、办学体制等进行深化改革,增加社会、政府在教育方面的投入,并最终形成多规格、多形式和多层次的政府和社会协同办学的教育格局。①

---

① 牛俊丽.耕耘在教育的原野上:学校管理日记[M].北京:北京师范大学出版社,2017.

2.改革课程体系和教学内容

对于教育改革来说,课程体系、教学内容方面的改革是关键的突破口,它在很大程度上决定着受教育者的素质发展程度。通过对课程体系和教学内容加以改革,能够让学生具备更加坚实的基础和更宽广的视野,改革的指导原则是吐故纳新、删繁就简,对单一的课程进行改革。另外,课程的发展要和国家发展、社会发展以及个人发展协调起来,并注重学生基本学习能力的提升;要确保课程的多样性,让课程符合各自地区的水平和特点;要突出课程的未来性,以满足社会发展和科技发展对人才的需求;要突出课程的社会性,适当融入有关人际交往、社会心理和社会评价等方面的内容。

3.改革教学模式

因为教学活动的复杂性,所以在教学实际中并没有一种万能的教学模式,要想达成不一样的教学目标,必定要采用不一样的教学模式。现代教学理论也说明无论何种教学模式,都只能在其适用的教学情境中发挥出优势,并且每种教学模式都各有利弊。所以教师要把握学生在开展学习活动时的心理规律,采用多样化的教学模式实现各种教学目标,从而有效提升教学质量。

4.改革课堂教学观

传统的课堂教学观将教学过程视作教师运用知识、技能对学生进行武装的过程,教师居于主导地位,其作用在于传授知识,而学生的任务则在于接受课堂知识并完成作业。而素质教育更加注重发挥学生的主观能动性,让他们通过对知识的应用和发展等进行探究,主动建构起自身的知识体系,并在学习过程中不断增强创造能力和批判继承能力。

5.改革考试评价制度

在教育教学过程中,评价制度具有导向功能。考试不仅要考查学生的知识掌握情况,更应该对学生的实际能力进行考查。对学生的评价,既要看书面成绩,又要看具体操作能力,既要对学生的知识和技能展开评价,又要对他们的创造力、道德素质、情绪控制能力、交往能力、耐心和毅力等进行考查。换句话说,就是全面评价学生的个性。

招生制度和考试制度在很大程度上决定着基础教育的发展程度。近年来,社会各界对此展开了诸多探索,也提出了许多优秀方案并得以落实,取得了不错的效果。

6.对学生的创新精神进行培养

民族的创造能力和创新意识决定着财富的增长和经济的发展速度。从本质上来说,创新是对既有知识的进步和突破,要求人们勇于超越自我和前人,它需要的是不怕困难敢为天下先的勇气和丰富的想象力。创新素质包括四个主要因素:创新意识、创新人格、创新能力和创新方法。因此,创新素质的培养实质上就是对这四种心理品质的塑造。

(1)创新意识的培养,它主要包括创新认识(想象、记忆、观察、创新性思维)、创新行为准备和创新体验(创新的动机、需要、兴趣、热情、性格以及意志)等方面。

(2)创新能力的培养。创新能力有着较为丰富的含义,但其中最基本的有两种:一是创造思维能力;二是实践能力。前者通常表现为探索的求异性、发现问题的敏锐性、表述结果的新颖性、解决方法的创新性、思维的独特性等。只有使思维更加广阔、灵活、深刻、批判和独创,才能具有较强的创造思维能力,但该能力的形成需要教师和相关教育人员的针对性训练。实践能力,是指运用所学经验对现实问题加以解决的能力,只有经常将动手、动脑相结合,将智力操作、实际操作相结合,才能达到训练实践能力的目的。

(3)创新人格的培养。它涉及很多创新性心理因素,诸如现实态度、世界观、活动方式、心理特征等。

(4)创新方法的培养。创新方法,实际上是对真正把握思维规律,突破思维定式、打破常规,为了达成活动的某种效果而使用的方法和技巧等的总称。要想切实增强学生的创新素质,首先,要改变旧式的教育方法,运用讨论式、启发式等教学方法引导学生进行独立思考;其次,要对学生的创造性思维进行培养,让他们学会多种思维方法,形成较强的辩证思维能力,能够依照不同的条件和目的及时、灵活地调整解决方法,并且让学生形成批判性思维,提升理性辨别能力;最后,教育评价应该采用动态的、全面的、多样化的考核方式,要对学生的心理、思想、特长和能力等诸多方面开展全面的考查。

第三节　素质教育理念下的高中教学管理

一、素质教育理念的内涵

(一)素质

从生理学方面来说,素质具体指的是个体生来就有的生理解剖特点,主要指的是感觉器官所具有的特点、神经系统和脑的特性;从心理学方面来说,素质即主体将来发展所存在的可能性,又被称作发展潜能、发展潜力。综合来说,素质是对主体现实性的泛指,也就是在先天和后天的共同作用下所形成的人类身心功能水平和基本素质,并更加注重主体将来发展所具有的可能性。总之,人类的素质既包括人生来就有的解剖生理特性,同时又包括人类在具体的实践中所逐渐形成的基本品质和自身在将来的发展潜力。

(二)素质教育

"素质教育"一词是由中国的教育工作者提出来的。时代不同对人才在素质方面的要求也各不相同,在对素质教育展开探究时必定要审时度势,将时代精神体现出来。① 总的来说,素质教育以提高国民素质为最基本的宗旨,它注重增强学生的创新和实践能力,并侧重于让学生在德智体

---

① 邵迎春.教育即充实学术高中创建探寻[M].北京:北京师范大学出版社,2021.

美劳各个方面都能够得到充分、全面以及和谐的教育,从而促进学生的全面发展。

二、素质教育实施对高中教学管理的挑战

(一)素质教育对高中教学管理提出了新要求

1.在管理模式方面的新要求

模式即事物的标准形式或者是事物所依照的某种标准样式。现代教学管理模式具体指的是在办学思想的指引下,为达成人才培养目标而形成的系统化、理论化且具有一定稳定性的教学管理的范型。素质教育提倡抛弃旧式教学管理模式,建构起和高中相适应的新型教学管理制度和模式,并且要维持素质教育这一核心不变,将教学管理的灵活性、多样性、目的性、法治性和有效性等体现出来,与时俱进地对教学管理进行改革,将师生参与教学管理的创造性和主动性调动起来,不断增强和完善学生的整体素质,培养他们更强的文化素质、思想道德素质以及身心素质等。

2.在教学管理人员素质方面的新要求

传统的经验管理是否能够成功地转化成科学管理,并达到管理现代化的目标,重点就在于教学管理人员的素质能否及时得到提高。打造质量较高的教学管理队伍,是各高中强化教学质量管理、达成人才培养目标的根本保证。素质教育对教学管理人员提出了很多新的要求,倡导建设一支能力强、素质高、懂管理、有责任、讲原则的管理干部队伍。在素质教育改革逐渐深入的今天,教学管理也应当展现新面貌,变得更有目标、更有思想、更有深度,并且更加勇于改革。要想实现这种管理,必然离不开一个重要保障——高质量、高素质的教学管理队伍。

首先,管理人员的教育理论素质要进一步提高。高中管理人员应把握和运用教育规律,与现代的管理方法和理论进行融合,对教和学的规律进行透彻的分析,不能单纯地将教学管理视作行政管理。

其次,要完善培训机制,综合提升管理人员素质。在科技和互联网如

此发达的今天,管理技术和手段在不断改进和完善,管理理论也在不断更新。针对处于变化中的管理环境,教学管理人员应积极开展学习活动,使自己具备更强地运用知识解决问题的能力。因此,高中要完善培训机制,通过开展管理人员的培训活动,让他们具备更高的管理能力和管理水平。

最后,管理人员应对现代化管理工具进行熟练运用,并学会用系统方法对当前高中管理过程中的各项新问题展开探究和分析,对高中教育理论进行研究,并将理论与教学管理实践结合起来,让工作的开展更具创造性。

3.在管理方法和手段方面的新要求

要想获得高质量的教育,必然要开展高效的管理。各高中要对校园网络和计算机等现代信息技术进行充分利用,借助它们开展教学管理,从而实现管理水平和管理效率的提升。高中可以自行开发或者是直接引进靠谱、先进的教务管理软件,运用网络和计算机来管理各项事务,比如学籍管理、教学计划管理、教材管理、学生成绩管理、教师管理、教务安排等。教师可以将学生的学业成绩录入计算机中,以便学生通过网络查询成绩、上课信息以及课程设置等。学校也可以运用排课软件辅助排课,从而恰当地对教师、教室等资源展开分配,让排课工作更加规范和科学,并使课程编排的效率和准确性得到提升。运用互联网和计算机开展教学管理工作,既能够促进教学改革的深化,推进素质教育的进程,又能够使管理效率得到提升,让教学管理更加规范化、标准化和制度化,同时也防止了各种人为因素给管理造成的影响,让教学环境更加公正、公平。

4.在教学管理评价体系方面的新要求

传统的教学评价观将所传授的知识作为重要的衡量标准,而素质教育则不然,它更加注重对教师在增强学生独立思考能力、创造能力、创新潜质、学生的人文素养和综合能力等方面所取得的教育成果进行评价。新型的教学评价观从本质上来说是发展性的教师教学评价观,它对教师的教学权利持尊重的态度,提倡教师改革和创新教学实践,鼓励教师形成自己独特的教学艺术和教学风格。因此这种教学评价是具有商讨性和民主性的,其结论并非概括性的而是分析性的,其重点不再对教师所开展的教学活动进行监控,而是更多地侧重推动教师教学成长,让教师在开展教学活动的过程中更具活力和生命力,并在此基础上让学生受到科学的引导和激励。此外,它还强调教师要对学生的主体地位予以充分的尊重,激发和增强学生的求知欲和好奇心,让学生在学习过程中变得更加具有责任感和上进心,并且更有探索精神。因此,要在教师教学方面设置科学合理的评价体系,不仅要优化评价指标,还要让操作环节更加公正和严格,同时为了使评估参与范围比以往更加广泛,还需要将校外评估引进来,从而通过评估为教师教学和教学管理指引改进的具体方向,让教师对自身的工作更加投入。而在评价学生时则主要从以下两个方面入手。

第一,评价学生的综合素质,具体涉及文化素质、身心素质、思想政治素质、业务素质、创新意识、创新精神和实践能力等。

第二,评价学生各自的特长,若是学生在某些方面的表现极为突出和优异,则应予以相应的鼓励,并为他们的发展提供适宜的环境。应当注意的是,在综合测评和开展其他评价时要对学生个人的特长贡献和技能表现予以充分地考虑,从而让学生形成更强的竞争意识,促进学生的个性化发展。

(二)素质教育下高中教学管理的特点

素质教育不是对教育的分类,也不是单一固定的一种教育模式,从本质上来说,它是一种发展的教育观,是一种教育理念和教育指导思想。在素质教育背景下开展的教学管理工作应当始终遵循"以人为本"的原则,更加注重柔性管理,促进学生的个性和创造性的发展。素质教育下,高中的教学管理有以下几个新的特点。

1.教学管理更加突出人本化

高中的管理主体、管理客体以及管理的目的都是人,学校通过人对人的管理,实现发展人、塑造人的目的。同样地,素质教育注重提升人在教育中的主体地位,并且侧重对人个性的发展。高中教学管理制度的建设和改革应始终贯彻"以人为本"的理念,从师生的具体需求出发,将学生的发展作为根本目标,承认学生的主体地位,对学生的选择予以尊重。将人本思想融入教学管理工作当中,能够使人在管理过程中的主导地位更加牢固,能够让师生在参与管理或者日常学习和工作中得到知识、身心、素质、能力等各方面的提升和进步,极大地提高了人的创造性和积极性,充分发挥出了人的潜能。①

2.教学管理有更强的开放性

在素质教育背景下开展的教学管理给予了学生更多的选择权,并让学生有了更多的自由空间展开自主学习活动,如此一来高中教学管理就有了更强的开放性。学生进入学校后可以在教师的指引下自主选择学习方式和学习方法展开学习活动,并且能够灵活变化。这种开放的教学管理机制给学生提供了更加自由、宽松和良好的学习氛围,能够激发学生的创造性和积极性,让学生在多个方面得以成长和发展。

3.教学管理有更强的民主性

素质教育要求培养和增强学生的创新精神,是主体性的教育,它对学生的主体精神和主体意识持尊重态度,注重对学生精神力量和健全个性的培养。只有营造民主的管理氛围,并加以不断地创新,才能塑造出大量的创造性人才,从而最大限度地促进学生的健康成长和个性发展。要做好高中的管理工作,就要充分发挥师生的能动作用,在制定所有与师生相关的决策时,首先要听取师生在这些方面的意见和建议。因此,高中在制定教学管理制度或教学管理的改革措施时,首先要做的一项工作就是对学生的看法和需求展开实际的调查和研究,并和学生们建立起及时的、经常性的、制度化的联系,尽可能多地搜集学生的相关信息以供研究。比如部分高中在教务处设置了学生助理岗位,并建立起了学生教学质量信息

---

① 孙锦涛.教育管理原理 2017 年版[M].北京:高等教育出版社,2017.

员制度。这些岗位和制度能够提供给学生更多地参与教学管理事务的机会,让他们参与到制定教学改革方案的具体过程中,对学校的教学改革措施有个更加深入地了解,并且能够通过他们获知其他学生在教学方面的建议和意见,了解教学过程中的实际情况,让他们成为连接学生和高中教学管理人员之间的纽带。

4. 教学管理有更强的服务意识

高中教学管理不仅是管理,也是服务,从某种层面上来说是给教学和人才培养提供服务的一项工作。师生兼有管理对象和服务对象这两种角色。教学管理工作人员开展工作的最终目的就是为师生的教学和学习活动提供相应的帮助和服务,因此教学管理在很大程度上来说是一种主动性服务。在素质教育的背景下,教学管理制度的服务性得到了加强,素质教育要求教学管理为师生提供质量更高的服务,并且要让高中的教学管理模式和社会需要、师生意愿相符合。在实际管理过程中,教育管理工作人员要对师生的需求加以了解和把握,并在此基础上给师生提供更加便利和完善的服务,从而使他们能够全神贯注地投入教学和学习活动中。高中教学管理机构可以在机构设置和管理体制方面进行创新性的尝试,设置一些向师生开放的服务性的功能中心,如考试中心、教学信息中心、学务指导中心、实践教学中心、教师培训中心等。

5. 教学管理更加柔性化

柔性管理和刚性管理二者是相对的概念。柔性管理所采用的管理方法往往是感召、诱导、激励、启发等,相对来说更加人本化。素质教育要求在教育过程中贯彻"以人为本"的理念,并要求教学管理采用柔性化的管理方法。教师管理和学生管理的柔性化,指的是在对师生的心理和行为规律进行深入研究的基础上,运用非强制性的方法和方式让师生在内心接受学校的教学管理,并让他们在潜移默化中将组织的意志转化为自身的自觉行为。高中教师都是知识分子,他们通晓事理,能够更快地吸收和接纳新事物,对问题有自己独特的见解,并且个性鲜明。若是仅通过颁布僵化的行政法规或者是设置物质方面的激励机制,往往难以将教师的积极主动性切实地调动起来,唯有尊重教师的劳动价值,发挥出他们的智慧,才能让教学管理更具实效。

高中的柔性化教学管理通常表现在这几个方面:第一,设置柔性化的人才培养规格。素质教育背景下所培养出来的创造性人才应该是多样化的,高中应该培养出多样化、多层次的人才;第二,制订柔性化的教学计划,该计划要注重对学生能力的培养,让学生在学习活动中具有更多的选择机会;第三,运用柔性化的人才评价方式和标准。素质教育要求尊重学生的多样性和个性化发展,强调每一个学生都能发展自己的特长,从这方面来说,素质教育所采用的评价标准和评价方法就不应是单一的、固化的。

三、素质教育理念下高中教学管理的建议

高中教学管理制度改革是极为复杂的系统工程,它依照素质教育在教学管理方面所提出的新要求,不断吸取他国先进的经验,对教学管理系统进行整体优化,并推进教学管理方式、思想和制度方面的改革,更加注重柔性管理和学生的个性发展,并试图最终建立起有中国特色,且能真实反映高中实际情况的教学管理制度。素质教育要求教学管理将师生的能动性充分发挥出来,从根本上提升教学质量、管理水平以及办学效益等。

(一)优化教学管理理念

对制度进行革新必然需要新观念、新思想的指引。新制度通常是由新的观念和理念催生的,新的教学管理制度自然也不例外。所以,要想切实改革高中教学管理体制,首要任务就是转变观念。教学管理制度的改革是以教学管理思想的变革为基础的。现代化教学管理理念总的来说包含以下要素。

1.树立"以人为本"的现代教学管理理念

融合了以人为本理念的现代高中教学管理更加侧重情感投入和心理

管理，更加注重打造优良的教学管理环境和氛围。不管是谁，都很难真正被外界所激励，因为外部激发的作用是有限的。人只有在价值得以实现和被尊重时，才能充分激发出内在潜能。因此，在开展高中教学管理工作时要对师生的心理特点和工作特点予以充分考虑，设法为他们打造一个融洽和谐、适合开展学习和工作、能够将他们的才华和能力充分展现出来的氛围和环境。只有这样，师生的需求才能得到最大限度的满足，从而拥有更多的动力开展教育活动。注重选拔人才，合理安排，优化组合，奖励激励工作，都能够让他们积极参与教学管理，这些都是高中教学管理改革的重要保证和有力基础。所以要贯彻落实以下策略。

第一，下移教学管理组织的重心。高中教学管理工作要切实将学校工作的重心从行政方面转移到教学方面，让教师成为教学管理的主体。因为教师直接实施教学工作，所以他们是获得高效教学成果的根本保证，只有他们具有更强的主体意识，才会更有责任心和事业心，这样才会取得更好的教学效果。要想将教师的积极性充分调动起来，就要在教学管理的相关规定中明确列举教师的权利和义务，并建立起与之对应的组织保证，在高中教学管理改革的"二级"管理中将教师的主体作用充分发挥出来，下移组织重心，切实建立起一个"以人为本"的教学管理组织机构。

第二，对高中教学管理组织的自我监督职能加以重视和强化。在当前的素质教育背景下，高中应该建立相应的民主监督制度和民主审议制度，赋予学生对教学进行监控的权利。因为学生是受教育者，有权利对教师的教育过程展开评价，并且能够对教学管理机构提出合理有效的建议和意见。

第三，贯彻"以人为本"理念要运用激励的方式。"以人为本"的核心在于最大限度地发展人性。教学管理机构和组织要灵活的运用精神激励或物质激励的方式促使教师以饱满的热情和积极的态度展开工作和学习，让学生对学习活动更感兴趣，更具积极性。只有采用合理的激励方式，将人的积极性充分调动起来，才能保证人在管理体制中始终处于核心地位，进而不断增强人的成就感、使命感和荣誉感。

2.刚柔相济教学管理理念

刚性管理是指在教学管理的具体过程中设置指令和硬性指标,并运用惩戒、规定性等强制手段加以管理,它属于一种程式化管理,有明确的规章制度和相对固定的组织职权,将具体的规章制度作为管理的根本。而柔性管理则更注重在管理过程中实行精神感召和情感投入,注重运用民主、协调、指导等柔性手段开展管理,它是一种人格化管理,依托的是组织共同的价值观,以营造精神和文化氛围为主要的管理方式。柔性管理是民主化和社会化管理发展到今天的必然产物。在高中教学管理中,其管理对象既包括有学问、有见解的成年教师,也包括身心尚处于发展阶段的青少年学生,所以素质教育背景下所开展的教学管理既要合理的运用刚性手段,也要更加侧重柔性管理,只有这样才能取得理想的效果。

3.竞争与合作相结合的管理理念

高中较为明显的竞争在于人才培养竞争和教学水平竞争。然而,知识创新只有竞争是不行的,还需要校内人员的彼此合作。在开展教学管理的过程中,一方面要通过彼此间的竞争来达到提升教学水平的目的;另一方面也要加强教师之间、师生之间、生生之间、管理人员和被管理人员之间的合作关系。只有通过合作才能增进彼此的交流,借鉴彼此的优势和长处,从而进一步提升竞争能力。在竞争过程中所表现出来的不足和问题之处,也能够通过合作予以解决和弥补,切实提升教学管理的水平。[1]

4.民主管理的管理理念

现代高中教学管理具有战略性,同时也担负着重大的责任,管理者和被管理者有了比以往更紧密的联系,所以人们更多地倾向实施民主化管理。在管理方式上原本上令下行的方式被舍弃,转而运用共同参与、彼此协调的方式。现代高中管理者要形成民主化的管理理念,并对民主化的

---

① 唐群.育人细无声:高中教育管理的实践与探索[M].上海:上海教育出版社,2019.

管理手段进行科学有效的运用,才能使学校氛围更加团结和谐,教学人员才能更加积极地参与到管理过程中来。另外,实施民主管理能够在很大程度上对法规的权威起到保障作用,高中如果有着较好的民主气氛,人们就会对法规持有更加尊重的态度,从而确保法规的顺利落实。换句话说"软性"的条件越好,"刚性"的制度就会得到更有效的落实。所以对民主管理进行依法维护,在很大程度上就是对法规管理进行维护。学校在探究教学内容、手段和方法等的过程中也要始终遵循学术民主、学术自由的原则,组织优秀教师成立教学指导委员会为其他师生提供教学方面的咨询服务。教学的民主管理无疑能够对教师群体意识和责任感的提升起到极大的促进作用,能够激发教师的创造性、主动性和积极性,从而转变他们的角色,让他们不再是被管理的对象,而是成为管理的主体。

总的来说,教学管理理念对教学管理制度的变革起着不可或缺的作用,它在思想层面指导着各项措施的落实。树立科学的教学管理理念,能够使高中创新能力得到提高,能够发挥校内人员的积极主动性,能够对高中内部的各种优秀资源进行优化组合。所以各高中要审时度势、高瞻远瞩,不断更新自身理念,为高中教学管理制度的变革和发展奠定坚实的基础。

(二)重新建构教学管理组织

传统的高中教学管理组织结构采用的是金字塔形式,它是自上而下的垂直科层制组织结构形式。该结构是一种纵向的线性系统,它将等级作为基础,以权力为主要特征,更多的是对上级负责。管理者的权利和责任位于该结构的顶端,该结构往往会运用"制度加控制"的方式让人进行高效的劳动,以实现管理目标。这种等级权力控制所导致的最终结果就是人们墨守成规,无法充分发展和发挥自身的创新精神。在素质教育背景下,定然要对该体制加以革新,素质教育为其提供了一定的有利条件。

1.教学管理组织以协作为基础

教学管理组织是庞大且繁杂的系统,它有多种层次和目标,并且在开展组织活动时具有多序列性。高中教学管理组织提倡团结协作、和谐共处等精神，因此协作是建构教学管理组织的重要基础。高中教学管理组织的协作主要包括以下两个方面。

（1）高中领导层成员之间展开的协作。我国高中实行校长负责制，并对副校长进行分工管理。因为各个部门的副校长往往在较长一段时间内任职某一方向的职能部门，所以他们在面对问题时往往会考虑自己所在部门的切实利益。因此学校领导层的成员应该在协作、团结的基础上进行分工。

（2）教学操作层的成员之间展开的协作。各个年级和教研室是对教学管理进行具体实施的执行者。以往高中的单一学科教学是由各个学科的教研室进行具体安排，教研室对本年级负责，年级又对学校负责。然而，在高中教育改革逐渐深入的今天，教师的综合业务素质得到了极大的提升，各个学科的学习内容、学习方式等也有了较大改变。因此在素质教育背景下，高中教学管理要突出强调成员之间的协作，并以学校规模、生源、师资力量、教师学历层次等因素为依据有所侧重。

2. 以学习型组织为教学管理组织的目标

学习型组织的概念是 20 世纪 90 年代被提出的，它产生于管理理论和实践的具体发展过程中，是管理方面的一个全新理念。建立学习型组织的终极目的并非构建出僵化的组织，而是重点形成学习观念，讲究持续地学习、转变和转化，让组织内部的成员在寻常的工作中找到生命的意义，并不断使自身的能力得到突破。相应地，学习型学校理应具有的几个特征：对学生的学习互动予以重视；教师要持续的学习；教师之间要彼此学习、互相合作；学校应该是学习系统的组织；学校的领导者应当是学习的领导者。学习型组织能够通过营造积极、和谐的学习氛围，将师生的创造性思维能力发挥出来，并且它是扁平的、有机的、符合人性的、有较高柔性的、可以持续发展的组织。因此，这种组织有较强的可持续学习能力，能够产出比个人绩效总和更高的总体绩效。

和旧式的"金字塔"教学管理结构不同,学习型组织更加柔性化、扁平化,更加开放和网络化,它能够让管理变得更具可靠性、应变性和有效性,从而使学校的教育活动更能体现出学习的意义与价值来,让教师的教以及学生的学都把学习作为前提。在素质教育逐渐深入的今天,教师的持续学习和继续教育越来越重要,只有教师"学会教学",学生"学会学习",才能更加适应社会的人才发展要求。

各高中构建学习型组织对校内成员提出了新的要求,他们既要面对现实,还要面向未来。学校要以员工意愿为基础来确定组织的学习意愿,组织要意识到个人成长所带来的积极价值,并且努力为个人发展创造相应的环境,而校内成员也应及时转变自身的心智模式。长期以来人们都具有一定的思维定式,在心理层面形成了一定的心理倾向。高中的管理者应该对原本的静态方式或者是局部的思考方式加以引导,使其转化为动态变化与互动关系的思考方式。校内的所有成员要将自身的想法和意愿充分表现出来,用开放的心态加入组织。另外,学校还应时常组织教师开展团体学习活动,增进教师之间的互动交流。只有在不断学习和观察的过程中,教师才能形成一致的价值观并且提升自身的竞争力,让教师的学习目标逐渐与学校组织的发展相结合。

3.建立网络化的结构体系

在组织内部建立起纵横交织的沟通网络,可以让新知识在组织内的传播速度变得更快,同时也表示成员要形成组织行为,进行知识共享,且要对自我行为加以规范。在网络化结构体系中,管理中枢通常不会直接利用职权对下属单位的活动进行协调和分配,而是在收集、处理、传播组织的知识和信息的基础上,通过网络化的管理手段,使管理效益和管理效率等得到提升。未来的管理组织结构必定会实现从命令链到网络化的转变。随着互联网技术、信息科技飞速发展,出现了大量网络组织,网络教育教学在很大程度上冲击了现实组织的等级体系、等级制度以及等级管理形式,在这种形势下,社会组织方式面临着一场新革命,尤其是网络和媒体等技术在学校的教学中得到普遍的应用后,更是对高中教学管理组织造成了突出的影响。具体来说,高中教学管理组织网络化具有以下几种优势。

第一,高中教学管理组织网络化,可以将教学和其他组织的时空距离缩短,让教学管理变得更开放。根据现代组织理论的观点,学校隶属于社会系统,学校和社会环境二者彼此影响,学校会依照社会环境的变化而发生相应的变化,以达到学校和社会的某种平衡。而在学校自身的系统中,又包括教学管理组织这个子系统,该系统由目标、机构、价值、管理和技术等部分组成,它们彼此影响、彼此依赖,从而在各要素之间产生了复杂的联系。这种内部复杂交错的系统在内外关系上也要保持高度适应,组织网络化有力地推动了教学管理组织的开放性,使学校和社会之间的联系更加频繁和密切,从而便于学校了解当前社会的教学改革动态;有利于对专家名师的教学方法进行借鉴和吸收,开展虚拟教学实验;有利于加强民主管理,真正将启发式教学和参考式教学落到实处,将学生在学习活动方面的积极性充分调动起来。

第二,高中教学管理组织网络化能够使教学管理层次减少,使教学管理组织和信息资源扩大,从而使管理效率得到提升。从本质上来说,教学管理网络组织比传统组织更加快捷和广泛,如今互联网、计算机等已经成为教学发展所必须用到的设施。高中管理组织网络化能够实现信息的快速转化,让组织更加适应来自内部和外部的各种干扰和变化,教学管理组织也将更加敏捷快速,在资源的迅速利用方面有更强的能力。网络化构建了新型的教育技术中心,引入了目前各种先进的教学管理手段,比如成绩管理系统、学籍管理系统、考试管理系统、教学状况监控网络系统、教学评价系统等,并且对高中的各种教学管理制度进行了修订和完善。高中教学管理的网络化对素质教育的实施起到了极大的推动作用。

(三)教学管理体制的完善

1.建立可持续发展的有效运行机制

在高中教学管理体制改革中,建立有效的可持续发展的运行机制是中心环节。学校要努力建立以编制管理为主要因素的自我调控和自我约束机制、以全员聘用合同制为主要内容的竞争上岗机制、以效率为主要依据的分配激励机制,以及充分利用人才的人员合理流动机制。学校要建立起具有激励性的、灵活的学籍运行机制,把灵活性和规定性统一起来,从而使目标管理得到加强。[①]

2.注重人才资源的优化配置

在高中教学管理改革中,要对办学能力进行充分挖掘,对校内人才资源进行合理利用。注重资源的科学管理和优化配置,就要做到三点:第一,对人事分配制度进行改革,将校内人力资源激活;第二,对物质资源做成本核算,将部门所有打破,让利用率得到极大提升;第三,以知识产权、专利或技术等生产要素为依据给予校内人员相应的提成和奖金,并促进科技成果的转化落实,让校内的科技和知识资源得到充分利用。

3.发扬民主,权力重心下移

随着高中教学管理体制改革的逐渐深入和全面展开,在用人制度、分配制度、组织机构等方面所进行的调整必然要求学校内部的权力结构做出相应的调整。权力结构具体指的是权力在学校内部各利益群体之间以及在管理的各个阶层之间的分配,还有它们之间相互作用的关系。从学校内部横向权力结构方面来说,要发扬民主,就要做到以下几点。

(1)赋予教师治学权和参与决策的权力,适当地将执行权和决策权分离开来,并且要注意让教师参政更多的是赋予他们监督权和决策权,而不一定非要让他们担任具体的行政职务。学校要将自身的决策机构、监督机构、咨询审议机构等建立起来并加以完善,赋予其实际职能,将教师的监督权力和民主参与管理的权力充分发挥出来。管理者不再对所有事务"大包大揽",而是更加注重服务和引导,鼓励教师和学生参与到具体的管理事务中来。这种做法并不意味着是对管理者权力的削弱,而是建立起

[①]　童旭光.教育管理案例研究[M].北京:北京理工大学出版社,2018.

了管理人员、教师和学生三方面的制衡关系，从而保证教学管理的运行更加高效和良性。管理者、教师和学生这三方面的制衡关系有诸多特征，比如手段互助、目的相同、交往平等。学生在参与教学管理工作时，要更加理智和谦虚，更具建设性，而教师和管理者要更加包容和理解，支持彼此的工作。

（2）适当地分散权力，让权力能够在更多的利益群体之间进行分配。学校要建立多元化的决策机构，吸纳各种利益群体来扩充决策队伍，让教学管理具有更加鲜明的民主化特征。

在实行教学管理的科学决策和民主管理时，要注意这三点：第一，设立教学决策咨询机构，并直属校长领导；第二，让公众参与决策过程，让教学咨询机构与师生展开联系，反映他们的要求和意见，并且教学咨询机构要在质量检查、学校教改、师资培养等方面起到重要的参谋和咨询作用；第三，注重对上下双边关系的协调，要用民主、讨论等方法解决在教学方法或内容、思想方面的争端，而不用直接的行政命令等手段加以解决，并且要营造一种活泼民主的氛围，允许教师形成不同的风格、持不同的看法，充分表达自己的观点。

（四）建立学生自主学习制度

1. 改革人才培养模式，变教学计划为培养计划

人才培养模式指的是学校为了达成培养目标而在培养过程中所运用的运行方式和构造样式，它包括多种要素，比如课程模式、教育方法、培养途径、教学设计、教学资源配置等。尽管学校所培养的人才类型是相同的，但是却可以采用不同的培养模式，任何一种培养模式都有它自身独特的框架。高中要想培养出高质量的创新人才，就要建构起和社会发展需要相适应的、有鲜明时代特征的人才培养模式。在素质教育的大背景下，社会要求学校培养复合型、合作型和个性型人才。各高中要在强化学生基础、提升学生能力的同时，注重对他们复合能力、综合素质的培养。

教学计划是以教育目标、培养目标等为依据所制定的教育、教学方面

的指导性文件。很长一段时期,学校都主要依照教学计划来组织教学和开展人才培养活动,但是教学计划并不包含较为丰富的素质教育内容。在素质教育改革不断深入的今天,为了培养出高质量的创新人才,学校必定要建构起新型的人才培养模式,相应地也要将原本的教学计划转变成更适合当下的培养计划。培养计划要实现对知识教学、课外活动、实践教学三者的整体优化,要对它们进行统筹安排。学校要通过产学研结合、个性发展和共性发展的结合、教学目标管理和教学过程管理的结合等来具体落实培养计划,要让素质教育始终伴随着教学管理工作,并最终实现学生的协调发展和全面发展。

2. 赋予学生更多自主选择空间

各高中要适当赋予学生自主选择教师的权利。高中要积极创设条件,运用恰当的方法引导学生以自身的实际情况和兴趣爱好为依据选择最符合自身情况的任课教师。此外,学校还要让学生根据自身具体条件和学习水平选择更加适合自己的学习方式,在时间、空间和学习工具方面给予学生更多的自由,这样才能够提升学生开展自主学习活动的能力,增强他们的责任感。

3. 提倡弹性学制

弹性学制是以学分制为基础建立起来的一种教学管理制度,相较于学分制来说,弹性学制具有更大的灵活性,并且采用了人才培养模式。弹性学制能够依照学生的实际学习情况来对教学进行安排,在维持统一性的同时让教学变得更加个性化。从本质上来说,弹性学制对学生的自主选择持更加尊重的态度,并且注重对学生的选择加以引导,让学生更好地学会自我管理。实施弹性学习制度,能够培养学生的创造力,提升他们的综合素质,并且有利于因材施教,让办学活力变得更强,为教学质量的提升奠定了坚实基础。

学制的弹性化能够培养出更多优秀的人才,这主要是因为它能够让中途停学的学生再次进入学校继续他们的学习活动,并且让他们具有更强的自我管理能力。弹性学制的特点通常表现为两点：一是弹性学制对学生自主做出的选择持尊重的态度；二是弹性学制可谓是刚柔并济，它并不对刚性的成分表示排斥，而是能够合理地运用刚性制度来服务弹性制度。弹性学制以学习自由作为自己的哲学理念，但是这并不代表学生可以随心所欲地开展学习活动，因此在实施弹性学制的同时要用相应的刚性制度对学生的学习活动加以约束。

多样性是个性创新和发展的重要基础，因此在改革高中教学管理制度时，要注重打造多样化的人才培养环境，创设让他们能够依照自我的意愿和自身的特点来和谐自由发展的学习环境。

第五章 教育技术支持下的高中教学管理

第一节 教育技术支持高中教学管理的理论概述

一、教育技术的概念

教育技术指的是设计、开发、管理、运用与评价学习资源、学习过程的具体理论和实践。它的含义具体包括以下几个方面。

1.教育技术的终极目的在于实现教育最优化。

2.教育技术的涉及面相当广泛,除了电影、电视、电脑等现代教育媒体,它还涉及教学资源和教学过程中的一切可操作的要素,比如技术资源、人才资源,其基本要素主要包括教学媒体、教学人员、教学活动和教学设施等。

3.教育技术的核心在于运用系统的方法对教学资源和教学过程进行设计、开发、管理、利用及评价。

总而言之,教育技术是以先进的教育理论和教育思想作为指导,对现代信息技术进行充分的利用,意图通过对教学资源和教学过程的设计、开发、管理、利用及评价来达到最优化教学目的的一种现代理论与实践。①

二、教育技术支持高中教学管理的理论基础

建构主义学习理论是教育技术支持高中教学管理的重要理论基础。建构主义学习理论的具体含义是:在实际的学习活动中,学生不是单纯的

---

① 王初升.教育管理与教学研究[M].咸阳:西北农林科技大学出版社,2019.

信息和知识的接受者,而是主动的知识建构者,学习活动实际上是学习者自发地将内部心理结构建立起来的过程,这种建构过程只能由学生本人完成,他人无法代替。获得学习意义,实际就是学习者在自己既有知识经验的基础上,对新接受的知识进行认识和编码,并将其纳入自身心理结构的结果。

建构主义学习理论主张学习活动应以学生为中心,教师则更多地起到指导作用。从这一方面来说,媒体的作用和身份也发生了改变,它不再是教师讲解和传授知识的方法和手段,而是创设情境的具体方法,成了学生展开协作探索和自主学习活动的重要认知工具。教育技术能够有效帮助创设理想的学习环境,从而充分激发师生的主动性,提升教学质量,在物质和技术方面为建构主义学习理论的落实提供了极大的支持。同时,建构主义学习理论又在理论方面为教育技术应用于高中教学管理实践提供了重要支持,能够对教育技术在高中教学管理工作中的落实起到指导作用。

第二节　教育技术支持高中教学管理的方式及效用

一、校园网及其效能

(一)校园网概述

1.校园网的概念

校园网是局域网的一种,主要由学校的服务器、计算机和网络互联设备组成,常被用于学校的教学、科研和综合信息服务。运用校园网可以展开资源共享和信息交流,为学校的管理、科学研究和教育教学活动等提供相应的网络应用环境。

2.校园网的构成

校园网的硬件系统通常包括计算机、服务器和网络互联设备这几个部分,其中网络互联设备又包括通信设备、传输介质、通信控制设备、存储设备等。服务器负责网络通信和网络资源管理,负责为网络用户提供他们所需的服务。

校园网通常会采用三种网络结构:第一,将 ATM 当作主干,此种网络结构适合相对较大的校园网,有较多的站点数目,并且网络较为分散,有较高的网络应用实时性需求,比如视频等。第二,将交换机当作主干,主要应用校园网,有较大的网络流量,网络应用也较为分散,子网之间有较小的网络流量。第三,将快速以太网当作主干,它有着比上述两种更小的网络流量,在网络应用方面更加集中,但是各个子网之间有较大的网络流量。

为了满足校园网的不同需求,通常要建立服务器,也要能够依照具体的服务量把多个服务器集中在同一个服务器上。常用的服务器有六种:一是 Web 服务器,它能够给用户提供 HTTP 功能,从而在通用数据库(URL)中获得用户所需要的页面的路径,并将其传送到浏览器上;二是 E-mail 邮件服务器,是对处理邮件交换的硬件和软件的总称,具体包括邮箱和电子邮件程序等,它运用 SMTP/POP3 协议向外发送本机邮件,并把所接收的来自其他主机的邮件发送给相应的用户;三是 FTP 服务器,运用 FTP 协议在不同的计算机之间传递文件可以不受计算机的连接方式、具体位置以及所安装的操作系统等方面的限制;四是 DNS 服务器,其主要提供名字查询和解释服务,校园网上建议安装两个 DNS 服务器,一个当做主服务器,另一个当做备份的 DNS 服务器;五是 Proxy 服务器,它是一个代理服务器,作用在于代理用户和外界进行通信,可以提供缓冲功能或者是避免外界非法入侵,具有节约经费、信息复用的优点;六是数据库服务器,主要职责是提供用户查询的资源。

校园网常用的软件系统有三种:一是网络通信协议,具体指的是在网络环境中通信双方应该共同遵守的规则和约定,像 TCP/IP 协议、IPX/SPX 协议都是经常应用的网络协议;二是网络操作系统,比如 Netware、UNIX 等;三是应用软件,比如多媒体制作软件、文字处理软件、数据库软件、网络浏览软件以及管理软件等。

3.校园网络接入方式

若在校园网的服务器上建立主页,那么在校园网的客户机上就能够看到这些主页。但是要想让校园网之外的网络用户也能对该主页进行浏览,就要把校园网接入互联网,也就是常说的网络接入。其接入方式通常有四种:一是 DDN(数字数据网)专线接入,此种接入方式有较快的通信速度,但是使用费和投资较高;二是 IP 宽带网接入,也就是运用光纤运输技术将校园网接入互联网;三是有线方式接入,此种接入服务是广电系统运用有线电视网开通的;四是 ADSL 方式接入,此种接入方式对规模较小的学校或者是个人来说有较高的性价比。

(二)校园网在高中教学管理中的效用

在互联网和信息科技如此发达的今天,大部分高中都建立了自身的校园网,校园网的应用给高中的教学活动、教学管理现代化提供了坚实的物质基础。校园网在高中教学管理中发挥了很大的效用,其具体表现有以下两点。

1.运用校园网开展在线教学

在线教学顾名思义,就是师生借助校园网在网络上开展实时教学活动。教师还能够借助校园网进行网上答疑、布置作业、课堂教学等。即便是课后,学生也能在网上继续获取新知识和接受相关的指导,并且能够运用网络课件开展自主学习活动,和其他师生展开讨论交流。运用校园网开展在线教学活动,有以下几个特点。

(1)有较强的即时性。借助网络师生之间能够实现即时交流,例如,校园网上设置有在线答疑系统,学生能够将自己在开展学习活动时所遇到的疑点、难点反馈给教师,教师也可以在网络上及时给予反馈,并且通过学生的提问,教师能够具体把握学生的实际学习情况,从而将这些情况作为调整教学内容和计划的重要依据。

(2)能够节约人力资源。在校园网上开展在线教学,能够很好地解决教师资源不足等问题。例如,在传统的教学模式下,教师要在不同的班级多次讲授同样的教学内容,并且部分教师还要讲授多个课程,长此以往就会给教师的身心带来较大的压力,但是借助校园网开展在线教学活动能够一次性将课程讲授完毕,避免了人力资源浪费,教师也能节约大量的时间去进行科学研究或讲授其他的课程。

(3)能够节约物力资源。当学校招生人数过多时,不仅会出现教师资源紧张的问题,还会造成物力资源(如教师、图书馆等)的紧张。而借助校园网开展在线教学活动就能够使上述问题迎刃而解,它不再把学生的学习地点局限在教室内,而是给了学生更多的可供选择的学习空间,学生能够自主选择教师和上课地点,通过校园网实现知识的传授,这在很大程度上使教室使用紧张的问题得到了缓解。

2.借助校园网开展离线教学活动

离线教学指教师借助网络将课程相关的教学资料发送给学生,学生接收材料后自行选择时间和地点开展自主学习活动。离线教学的优点在于不受时间和空间的约束,师生都能够任意选择自己适合的方式开展教学活动或学习活动;其弊端在于教师无法展开对学生较强的控制,若是学生不具备较高的自觉性,那么教学过程就会浮于表面,无法深入学生的内心。

(三)运用校园网对教务信息进行管理

校园网的建立和使用,为实现现代化的教务信息管理奠定了坚实的物质基础。教务信息管理系统通常包括几个模块:教务管理、校长管理、教师管理、教研管理、学生成绩管理、学生管理、系统维护管理等。

借助校园网开展教务管理工作同样有利有弊,其优势在于能极大地提高教务工作的效率,让它们变得更加自动化、科学化。其弊端在于若是校园网基础设施较差,就会导致网速较慢,甚至会出现无法打开网页的问题;若是应用软件的质量不高,就容易出现错误,会使工作效率极大地降低;若是教务工作人员不具备较高的信息素养,不会使用网络管理系统或者是完全依赖该系统,就会在很大程度上弱化工作人员自身的职业技能,从而导致工作效率低下。[①]

二、多媒体教学系统在高中教学管理中的效用

(一)多媒体教学系统在高中教学管理中的应用方式

在科技高速发展的今天,多媒体在高中教学管理活动中得到了广泛应用,突破了传统教学模式的局限,将高中教学管理提升至新的层次。当前多媒体教学系统在高中的教学管理中通常有四种主要的应用方式。

1. 多媒体综合教室

普通教室配备了各种现代教学媒体就成了多媒体教室,其中现代教学媒体通常包括多媒体计算机、媒体播放设备、大屏幕投影机以及控制系统等。在多媒体教室内,教师能够开展各科的教学活动,比如语文、生物、计算机等。所以在高中教学活动中,多媒体综合教室能够发挥极大的作用,很多高中也在校内建立了多媒体综合教室。一般人们所提及的多媒体教室,指的就是这种应用较为广泛的多媒体综合教室。

2. 多媒体网络教室

多媒体网络教室也被称作网络化多媒体教室,它是在普通的计算机网络教室或单机机房的基础上建立起来的,这种教室在计算机设备上配备了控制网络和视频传输卡,因而能够将教师的计算机和学生的计算机连接起来,从而形成多媒体教学网络。教师和学生的计算机能够借助该网络实时交互地进行图像、声音的传输。此外该教室还有各种教学管理功能,比如监视监听功能、实时广播教学功能、电子举手、远程控制功能、

---

① 谢朝刚,侯娟,李明.教育管理理念与思维创新[M].北京:九州出版社,2017.

学生示范功能、双向对讲功能、电子点名与警告等。教师能够运用实时广播教学功能把自己的声音和屏幕上的内容传递给所有的学生，或者只传递给部分学生甚至单个学生；教师可以运用远程控制功能让学生的计算机远程执行某种教学命令，从而提升对学生的控制效果，有利于教学质量的提升。

3. 语言实验室，通常用来进行语言的训练、教学和研究活动

随着多媒体计算机技术、电子技术的发展，以及现代教学方法、教育思想的进步，语言实验室在多媒体计算机的基础上构建了具有交互功能、视听功能等的多媒体系统，既能够用来开展语言教学活动，又能够开展其他专业教学或计算机教学活动。依照不同的功能，语言实验室主要分为五种类型：听音型、听说对比型、听说型、多媒体学习型、视听说对比型。当前学校使用较多的是视听说对比型、听说对比型这两种语言实验室，前者是在后者的基础上建立起来的，比后者多了视觉媒体，比如影碟机、录像机、投影机和电视机等；后者则更多地用来进行录音比较以及听音对讲训练，属于双向交互型的语言实验室。运用这两种语言实验室能够开展多方面的语言教学，比如听力训练、语音教学、会话训练、口译训练、视听说教学、句型训练等。在语言实验室的基础上，教师可以探索和研究各种新型的教学模式，从而更好地开展语言教学和语言训练活动，比如小组教学、个别化教学、集体课堂讲授、会话和讨论模式等。

4. 微格教室

此种教室包括三个部分，即模拟教室、控制室、示范观摩室，主要用来开展微格教学活动。微格教室中的模拟教室安装了摄像系统、话筒等，用来获取教师进行模拟教学活动的形象和声音；控制室主要安装了调音台、电视特技机、视频分配器、监视器、录像机等设备；示范观摩室是普通的视听教室，内部安装了电视机，能够将控制室中经视频切换器选择后的视频信号传送至电视机，从而同步播放教学实习的具体情况，方便指导教师进行评述，以及让其他学生进行观摩和分析。当前，高中的微格教室多用于

对教师的教学评价和教学技能训练。例如,借助微格教室能够对教师的板书、教学语言、演示、讲解、提问等教学技能进行训练,并强化他们对教学过程的调控技能,比如强化、导入、试误、组织、结束等。此外,还可以借助微格教室对优秀教师的课程进行实况录像或实时转播,方便其他教师和学生学习和观摩。此外,微格还能和校园的卫星电视网相结合,将学校的各种重要活动通过微格向全校转播,方便校内所有人员进行学习和观摩。

(二)多媒体教学系统在高中教学管理中的效用

多媒体教学系统在高中教学管理中的效用包括有效性和无效性两种。下面分别从教学服务、学习服务、信息交流这三个角度对其进行阐释。

1.教学服务

多媒体教学系统在教学服务方面的有效性通常体现在:它突破了传统教学模式的局限,通过对多媒体教学手段的运用,增强了教学活动的生动性、科学性和直观性。当前高中在开展教学活动时,应用最多的多媒体教学手段就是多媒体课件。作为一种多媒体教学软件,多媒体课件通过辅助教师的教学和促进学生的学习,来突破课堂教学内容中的难点、重点,以达到提升教学效率、教学质量的目的,也就是人们常说的计算机辅助学习(Computer Assisted Learning ,CAL)软件、计算机辅助教学(Computer Aided Instruction,CAI)软件。多媒体课件有多个种类,比如交互性课件、三维动画课件、数学建模软件、案例类课件等,同时多媒体课件中还可以包含文字、图片、图表、视频、动画、声音等要素。借助多媒体课件开展教学活动可以节约大量的时间,因为课件能反复多次观看,且能随时添加课堂所需的内容,教师也不用再将内容写在黑板上,所以能够拿出更多的精力用于教学,能够在有限的课堂时间内为学生讲授更多的知识,从而达到提升教学效率的目的。此外,运用课件能让原本微观的教学内容变得更加直观,例如,在讲授化学课程时可以用实验仿真课件,将原本人眼无法直接观察到的化学反应借助动画进行展示,这无疑是传统教学手段不可能做到的。此外,通过多媒体课件辅助教学能够减少在购买道具方面所需的资金,从而能够将节约的金钱用于建设学校的其他方面。①

多媒体教学系统在教学服务方面也具有无效性。一方面,教师可能会误认为多媒体课件是万能的,从而弱化了自身的教学技能,无法发挥在教学活动中的主导作用,而是完全由课件牵引着课堂方向和节奏;另一方面,教师可能会把多媒体课件制作得极为花哨,从而分散学生对教学内容的注意力,这无疑会使教学质量降低。所以,教师要提升自身在应用教育技术方面的能力。

2.学习服务

因为在多媒体系统中能够灵活运用图片、声音、文字、视频等来呈现知识,所以能将那些在传统教学模式下很难用语言、文字进行表述的现象和过程形象、具体地展示出来,这不仅有利于增进学生对教学内容的理解,而且能提升他们的学习兴趣,让他们更加积极主动地投入学习活动。学生在多媒体教学系统的教学环境中,能够展开视、听、说三个方面的接受学习活动,依照建构主义理论的观点,在此种情境下,学生的学习活动会具有更强的协作性和主动性。

然而,学生在使用多媒体教学系统开展学习活动时可能会因为信息素养不高导致出现各种差错,这就是多媒体教学系统在学习服务方面的无效性。一方面,学生会因动手能力不强,不会使用甚至误用多媒体设备;另一方面,学生在多媒体教学系统所创建的环境中容易被各种多媒体的教学手段和设备所吸引,从而无法专注对教学内容的学习。所以,教师要注重提升学生在教育技术创设的情境下开展学习活动的能力。

3.信息交流

多媒体教学系统具有不可比拟的反馈性能和交互性能。借助互联

---

①　史妍妍.教育管理与教育理论创新研究[M].哈尔滨:哈尔滨地图出版社,2019.

网,师生之间和生生之间都能开展实时的协作和交流,教师能够及时了解学生的学习情况,学生也能随时将自己的问题和疑惑反馈给教师,另外学生和学生之间还可以开展多种形式的合作,并且不受空间的约束。以微格教室为例,在开展微格教学训练时,可以运用多媒体设备对具体的训练过程进行录制,训练结束后,师生能够通过观看录像展开相关的评价和反馈。通过观看教学录像,学生能很轻易地发觉自身所犯的错误,并收到来自教师和其他同学的评价,这有利于学生在后续的训练过程中不断改进和完善自我。

但是要想得到较好的反馈效果和交互效果需要三个条件:一是要安装优质的软、硬件设备;二是学生的动手能力、学习自觉性以及现代化学习能力都要保持在较高的水平;三是教师对教学节奏的把握要十分恰当,能够合理借助教育技术开展教学活动。若是上述条件得不到满足,那么最终取得的结果就不会十分理想。[①]

三、数字化学习资源中心在高中教学管理中的效用

(一)数字化学习资源中心在高中教学管理中的应用方式

数字化学习资源中心通常又被称作教学媒体中心,是一种开放的、全新的、能够共享资源的一种多媒体学习环境,它所包含的各种学习媒体资源都有相应的编目和索引,并安装了计算机终端、视听设备、外连接口以及其他支持多媒体的设备。数字化学习资源中心不仅可以提供信息资源方面的服务,还可以充当知识管理中心以及交互式学习实验室,能够整合电子资源和课程,支持教育训练方面的研究,并且能够对特殊课程设计进行协调。在高中教学管理中,其具体的应用方式如下所述。

1.数字图书馆

数字图书馆指的是在高速宽带网络上运行的、能够跨库进行检索的、

---

① 谢婷婷.叩启现代教育之门:高中信息技术智慧课堂构建策略[M].长春:东北师范大学出版社,2022.

超大规模分布的海量数字化信息资源库群。数字图书馆把各项先进的数字信息技术充分应用在了图书馆的种种服务之中,让人们能够通过数字化形式获得绝大部分的图书信息。相较传统图书馆来说,它查询起来更加方便,采用数字化管理方式,突破了时间、空间等的限制,能够及时更新和获取信息。当前校园网上的数字图书馆所采用的访问方式都是基于网络的,人们通过网络对数字图书馆中的多媒体数据库进行访问,能够不受地域限制地获取到世界各地图书馆的信息资料。目前,大部分高中通过自己建立数据库或引进数据库的方式构建出了具有一定规模的数字化信息资源,通过多媒体阅览室、数字图书馆、网络等渠道和方式给校园师生提供更多样、更快捷的信息服务,这无疑对提升师生获取知识和信息的能力有着极大的促进作用。

2.虚拟实验室

虚拟实验室是在网络环境中创建出来的具有可视性的三维环境,其中可视化的三维物体都代表着实验对象,用户能够通过点击或者拖动鼠标等操作来开展虚拟实验。它借助虚拟现实技术对某种特定的情境进行虚构或仿真,以便学生进行操作和观察,或者对其中的对象进行构建,让学生在得到新体验的同时也获得新的发现。虚拟实验室为师生构建了一种新型环境,方便他们解决问题,它为用户提供了一个交流技术、开展实验教学和协同工作的平台,是在计算机虚拟原型系统上建立起来的新的工程设计方法和科学研究方法,是除了实物和理论以外的第三种进行研究设计的形式和方法。

要想实现网络虚拟实验室,就要将网络技术、多媒体计算机技术以及仪器技术等结合起来。认知模仿方法和虚拟仪器技术这二者的结合让虚拟实验室具备了智能化的特征,师生可以随时随地到虚拟实验室对仪器进行操作,开展各项教学相关的实验。它不仅为实验类课程的远程教育和教学改革提供了技术支持和前提条件,还能及时为学生补充更多新型的、高质量的实验仪器。此外在网络虚拟实验室中,也可以借助计算机在网上对部分实验现象进行模拟。这样既能让远程教育获得更好的教学成果，也能让不具备实验条件的学生对实验现象进行观察，让他们和不同地区的学生共同协作开展实验。

（二）数字化学习中心在高中教学管理中的效用

互联网的飞速发展给人们带来了海量的信息，知识的更新速度比以往更快，传统的教学模式已经难以适应当今学生的自主学习需求，因此出现了很多新型的学习手段。数字化学习中心能够为学生的自学活动创设良好的现代学习环境，同时也能为教师的教学活动和研究活动提供高质量的服务，其优势体现在以下几个方面。

1. 能够共享海量信息

师生可以借助互联网浏览和使用世界各地的有效信息。例如，中国数字图书馆就是在国家数字图书馆工程的基础上，依托中国国家图书馆的海量资源以及国家数字图书馆工程资源建设联盟成员的特色资源，借助世界上的服务网络和信息组织，而建立的数字图书馆。该网站涉及了多个领域的内容，覆盖了 22 个门类知识。师生能够运用中国数字图书馆搜索和浏览当前的科研动态和权威资料。这些数字资源不仅可以在本校使用，还能提供给其他学校的师生使用，这样各个学校之间就能够实现经验的交流和资源的共享，从而取长补短，让彼此变得更加完善。从中可以看出，数字化学习中心所拥有的海量信息给学生学习和教师的研究活动提供了非常便利的条件，另外信息共享能够促进各个地区的师生积极展开学习和交流，从而促进彼此教学质量的提升。

2. 不受时间和空间的约束

数字化学习中心在当前的远程教育中扮演着非常重要的角色。以虚拟实验室为例，教学质量会因为学生受地域限制无法亲自到实验场地观察实验而降低，这也是高中开展远程教育时要解决的一大难题，但是虚拟实验室较好地使该问题得到了解决。师生能够自行选择地点和时间在网络虚拟实验室开展各种实验，并且虚拟实验室高超的仿真技术能够最大程度地为师生呈现实验的效果。从这方面来说,数字化学习中心既有利于学校远程教育质量的提升,又有利于高中教学质量管理水平的进一步提高。

3.使教学成本降低

借助互联网可以对数字化学习中心里的资源进行重复利用,这就能将购置实验设备、硬件设施、书籍等的资金节约下来,从而避免在教学资源方面产生浪费。

4.有着较强的交互性

在网络基础上建立起来的数字化学习中心给师生提供了更加快捷和高效的交互途径。举例来说,师生可以运用数字图书馆浏览最新科研动态,将自己的问题和所取得的科研成果上传至网络供他人查看,并通过与他人的交流来提升自身的科研能力。此外,师生还能够充分利用虚拟实验室的网络通信功能,进行实时或是非实时的沟通交流,这样既能帮助学生解决自身的问题,又能促进学生开展协同实验。

尽管数字化学习中心有诸多优点,但将其应用在高中教学管理中,尚有一些不足,主要体现为三点:第一,构建数字化学习中心需要网络设备和质量较好的硬件设备,若没有网络连接,数字化学习中心就没有办法发挥自身的功能。这除了需要技术和资金方面的支持,还要学校领导对此予以重视。第二,要想对数字化学习中心进行高效、合理的应用,那么师生都要具备较高的信息素养和计算机操作能力,否则便无法很好地对其进行使用。第三,对数字化学习中心进行运用,还要求学生有一定解决问题的能力以及学习方面的自觉性。

四、校园有线电视网及其在高中教学管理中的效用

(一)校园有线电视网概述

校园有线电视网指的是在校园内部通过电缆、光缆等对电视信号进行传输的网络,它不仅能够对普通的新闻、娱乐等节目信号进行传输,还

能够对远程教育信号、教育电视节目、自办校园电视台信号等进行传输，通常由三部分构成，即前端、终端、信号传输网络。①

前端的作用在于将天线接收的各种信号加以混合和调制，生成相应频道并放大，使其成为一路宽带信号之后再加以传送，从而使其能够传输较远的距离。终端部分也就是用户部分，具体包括有线电视插座、用户电视机等。

信号传输网络的作用在于把从前端输入进来的混合信号通过电缆、光缆网络输送给用户终端。其组成部分通常包括：主干线、分支线、放大器、分支器、分配器。其中，放大器能对信号在传输过程中的损耗加以补偿，以保证终端信号达到相应要求，从而使用户取得较好的收视效果。分配器通常用来对电视信号进行平均分配并确保线路的匹配，它能够把同一路的电视信号分成几路等功率的信号再加以输出，一般来说它被安装在各分支线之间或者是干线和支线之间。分支器能够在干线或分支线上将部分信号取出来，并将其反馈给分支线或终端电视机。

（二）校园有线电视网在高中教学管理中的效用

因为校园有线电视网能够对大量的电视节目信号进行高质量的传播，其中也涵盖了很多教育电视节目，所以它在高中教学管理中得到了广泛应用。它的效用往往表现为以下几点。

1.具有较强的即时性

校园有线电视网能对多种电视信号源的信号进行传播，比如卫星广播电视信号、无线广播电视信号、其他校园有线电视网的广播电视信号等。它既能及时地将高中教学管理的各种通知和政策发布出去，又能让高中师生在较短的时间内获知其他地区、学校的教学动态。

2.有着多样化的形式

校园有线电视网既能对固定电视信号进行传送，又能传送自制的电

---

① 许肇超,刘宝林,邱志坚.现代教育理念与教学管理研究[M].长春:吉林出版集团股份有限公司,2017.

视节目。借助校园有线电视网还能对联网教室开展电视广播教学活动，各个教室都能够对播控中心进行预约，以便播放录像或者电视节目。在课堂教学过程中应用校园有线电视网，也能够极大地丰富课堂教学形式。例如，开展以教师讲解为主、电视插播为辅的讲播结合的教学；借用电视节目为学生创设相关情境，从而开展引发学生联想、提升学生兴趣的情境式教学等。

3.具有较强的互动性

校园有线电视网的互动性主要通过教学评价体现出来，借助校园有线电视网能够对教室教学实况进行转播，从而方便开展大面积的示范、观摩和评价。这样既能保证所观摩的课堂教学不受干扰，又能够进行大规模示范。

4.能够进行教学监控

双向的校园有线电视网能够用来实行教学监控管理。只要将摄像系统安装在联网的教室，中央控制室就可以对各个教室的情况进行监视，并且能够将教学实况传送给指定的教室。此种监控系统一般应用在公开教学或者是考试监控等方面。

尽管校园有线电视网在高中教学管理中发挥了非常重要的作用，但它同样存在弊端。比如，在实际使用的过程中，它需要配备电视节目制作设备和广播设备，同时也要求教师或者是教学管理者拥有较强的应用能力、操作能力，能够对校园有线电视网进行正确的使用。在硬件设备或软件设备出现不协调的问题时，若教师和教学管理者并不具备较强的驾驭能力，就无法让校园有线电视网发挥出其应有的功能。

第三节　教育技术支持高中教学管理的措施

实际情况表明，将教育技术应用在高中教学管理之中有利有弊。它一方面能够推动高中教学管理的现代化进程，能够有效地提升高中教学管理的质量,但另一方面如果对教育技术使用不恰当就会造成很多负面影响。所以,要想切实发挥教育技术在高中教学管理中的有效性,就要配备高质量的硬件和软件环境,相关参与者也要进一步提升自己驾驭教育技术的能力,致力于最大限度地发挥教育技术的积极作用,从而促进教学管理质量的有效提升。

一、配备高质量的教学管理的软、硬件设施

(一)配备高质量的教学管理硬件设施

配备现代化的、高质量的硬件设施,是在物质方面为教育技术在高中教学管理方面的应用奠定了基础。而要想让硬件设施的质量更高,就要做到以下几点。

1.高中的教学管理者在硬件设施方面予以足够重视

高中的教学管理者要在思想层面意识到配备高质量、现代化硬件设施的重要性,要加大高中在现代化教学管理手段方面的建设,同时也要把握好建设的度。

2.硬件设施的配备要由点到面,统一协调,逐步实现

当前各高中在配备现代化教学管理的硬件设施时,更倾向对计算机的配备,这无疑需要投入大量的资金。而资金并不充裕的高中,就无法在较短的时间内给所有师生每人配备一台电脑,在此种情况下,学校就要先着手建设较为基础的硬件设施,比如可以率先建设多媒体教室这种使用率较高的设施,之后再展开全面推广,逐渐达成高中教学管理手段现代化的目标。而那些在资金方面较为充裕的高中,则可以借鉴目前已成型的教育技术硬件设施,并与自身特色相结合开展建设,但要注意一次性投入过多资金可能会带来一定的风险。另外,不管是资金充裕还是不充裕的学校,都要从长远出发来配备相应的硬件设施,早期建设要和后期建设协调统一起来,并要为将来更新硬件设施奠定基础,避免后期在开发使用或更新的过程中出现和早期的硬件设施无法匹配的情况。这种不匹配的情

况定然会造成高中资金的大量浪费,并且会阻碍高中现代化管理进程的推进。所以,各高中在配备教育技术的硬件设施时,要始终遵循由点到面,统一协调,逐步实现的原则。

3.所配备的硬件设施要有较强的实用性

高中若因急于推进教学管理手段现代化的进程,而全然不顾教学实际和学校具体情况,盲目购置计算机和多媒体教学设备,导致部分设备无法在教学活动中得到恰当应用,从而使这些硬件设施沦为展览工具,这无疑是对教育资源的极大浪费。所以,各高中一定要配备具有较强实用性的现代化教学硬件设施,不要盲目追求设施的"量",避免造成浪费。

4.定期更换或者升级硬件设施

在信息技术迅速发展的今天,高科技产品更新换代的速度也不断加快,若始终使用旧的硬件设施,定会给高中教学管理事务的正常开展造成阻碍。所以,学校要定期更换或升级硬件设施,而那些被淘汰的陈旧设施,可以视具体情况进行捐赠。例如,可以将这些设施捐赠给希望工程,让边远地区的学生也用上现代化的教学设备。另外,还可以把这些淘汰的设备进行出售,所得资金可以用来购置新设施。这样既能够确保高中现代化教学管理工作正常开展,又能够避免造成硬件设施的浪费,有利于循环利用资源。[①]

(二)全面提高高中现代化教学管理的软件设施配备

现代化的硬件设施能够让开发软件和应用软件有更好的运行环境,而先进的教学管理软件则能极大地提升高中教学管理工作的效率。若想对高中教学管理的软件设备进行全面提高,就要做到以下几点。

1.在思想层面提高对现代化管理软件开发和应用的重视程度

高中若斥巨资购置了现代化教学管理的硬件设施,但是对软件没有

---

① 杨江峰.教育管理的智慧校长访谈录[M].福州:福建人民出版社,2016.

给予足够的重视，就无法充分发挥硬件的功用。以校园网为例，大部分高中更多地将校园网用于学校管理和基本的信息交流方面，而没有对校园网在学习和教学服务等方面的作用予以重视，因此计算机更多被当作单纯的文字处理工具使用。这导致校园网的功用在某种程度上没有被充分地发挥出来。因此学校要积极开发和使用教育管理软件，切实提升教学管理的效率，有效利用教学管理的各种资源。

2.软件的开发和使用要服务高中现代化教学管理实践

开发软件必然要投入大量资金，所以高中在对教学管理软件进行开发时，要重视软件的投资效益，避免造成资源浪费。当前在高中教学管理中得以应用的软件一般有两类：一是在校园网基础上建立起来的日常教学管理办公软件。此类软件的开发人员通常是外聘的专业软件开发人员，在开发此类软件时尤其要注重软件的实用性，还要对高中自身教学管理的需求和特色加以考虑；二是教学过程中会用到的多媒体教学软件。通常是由资深教师和专业教育技术人员共同制作开发。在具体的教学活动中，教师要运用多媒体教学软件为学生创造一个兼具声色和丰富活动内容的动态学习环境，还要对多媒体教学软件的交互性功能进行充分运用，以此来让学生获得更多样、更充足的信息，加深学生对知识的理解，强化他们对知识的吸收。与此同时，多媒体教学软件还应具有创设多种教学情境的能力，要将学生的创造力、想象力等充分激发出来。在开发和制作多媒体软件时还需要注重软件的整体协调性，让它能够为教学活动提供更好的服务。总而言之，高中教学管理的软件开发和运用要具有实用性和有效性。

3.对教学管理软件进行定期更新或升级

当今高中教学管理软件也有着较快的更新换代速度。一方面，随着高中教学管理事务的逐渐增多，工作任务的逐渐加重，工作人员会更加青睐那些方便快捷的办公软件；另一方面，随着教学改革的逐年深入，教学内容也在一定程度上进行了调整，为了使师生的需求得到更好的满足，只能引进新的现代化多媒体教学软件,以求达到提升教学质量的目的。

二、加强高中教学管理队伍的教学管理能力

在衡量教学工作水平的各项指标中,教学管理队伍的具体建设情况是一项重要指标。实际上,在评估教学工作水平的各种指标中,不管是办学指导思想、教学条件与利用、师资队伍建设,还是学风与教学效果、教学管理等,都和教学管理人员有极为密切的联系。教学管理队伍在教学水平的提升方面有重要作用。唯有打造高质量的教学管理队伍,让教学管理队伍具有更高的水平,并将他们和高素质的教师队伍结合起来,才能让教学工作水平得到稳固的提升。

在教育技术十分发达的今天,高中教学管理形成了一个必然趋势——无纸化办公。而现代化的教学管理也给高中教学管理人员带来了新的挑战。因此,高中教学管理队伍的信息化管理能力建设是必不可少的。

(一)提高教学管理领导的现代化教学管理能力

负责高中教学管理工作的学校领导,在实际的教学管理现代化进程中发挥着关键作用,因此要提高他们对教育技术的重视程度。若是高中领导具备丰富的现代科学管理理论知识,树立了先进的教学管理理念,并且具备较强的现代化教学管理能力,对教学管理改革表示支持,能够准确地把握教育技术在教学管理事务中的应用,积极响应国家的有关政策,并且在这些方面有自己独到的见解,不随波逐流,能够及时赞扬和奖励做出一定成绩的教职人员,那么就能够推进教育技术在高中教学管理中的具体应用,从而有利于提高管理工作的效率。相反地,若是高中领导没有准确地把握教育技术的关键思想,只是片面地追求表面的"量",那么无疑会对教学管理工作的质量造成不良影响。因此,若想让教育技术得到具体落实,让教育技术在高中教学管理事务中发挥应有的作用,满足现代化教学管理的需求,就要从根本上提升高中教学管理领导的现代化教学管理能力,具体包括以下几点。

1.领导要接受技术知识方面的培训

领导在教育技术方面的培训与师生在这方面的培训具有不同的侧重点。对领导的培训既要注重提升他们对教育技术的应用能力,还要注重增强他们对教育技术理念的把握能力,让他们学会将教学管理和教育技术有效地结合起来。

2.领导要增强对硬件设施、软件设施的重视程度

领导不仅要重视软、硬件设施的"量",更要注重这些设施的"质",以及学校投资所带来的实际收益。

3.领导要对教育技术专业人员更加重视

高中在开展教学管理现代化建设的过程中,若没有对人才给予充分的重视,就会导致高中内部没有专业化的技术队伍,从而拖慢了教学管理改革的进程。因此,高中领导要加强对教育技术人才的培养和引进,让他们带动高中教职人员提升自身的教育技术水平,并在一定程度上提升学生的教育技术水平。

4.领导要将高中教学管理的各个部门的工作结合起来

高中教学管理各个部门的工作从表面上看是各自独立展开的,但是校园网的应用为高中教学管理各部门之间的团结协作提供了非常便利的平台,因此领导者要与时俱进,加强对各部门的统一规划,让它们彼此互贯互通,这样高中教学管理工作就能步调一致,稳步发展。

(二)强化教学管理人员的教育技术应用能力

高中教学管理人员指的是协助领导落实相关教学制度,与教师配合共同完成教学工作,并对学生学习问题进行处理的专职工作人员。在教学工作中,他们扮演着管理者、直接组织者和执行者等多种角色,在贯彻落实国家教育方针、稳定高中教学秩序、避免教学资源浪费、提升教学效率、确保教学质量达标、培养优秀人才等诸多方面都发挥着不可替代的作用。

高中教学管理人员运用教育技术开展现代化办公的能力,在很大程度上决定着高中教学管理工作的效率。所以要注重对教学管理人员的教育技术应用能力的培训,具体来说要做到以下几点。

1.建立规范化的培训机制

因受到资金等因素的限制,当前各高中提供给员工的培训机会较少,这在很大程度上限制了教学管理人员教育技术应用能力的提升。所以,建立规范的培训机制是非常有必要的,该机制具体包括:培训时间、培训人员、培训内容、培训测试等。高中要定期开展计算机技能和知识的培训,开展办公自动化软件应用的培训,赋予职工更多的提升机会,激发他们的积极性,此外,学校还要考核培训内容,看是否达到了预期的培训目标。

2.对不同年龄段的教学管理人员开展针对性培训

教学管理人员的年龄段不同,受教育程度不同,在教育技术方面的应用能力定然也存在着较大的差别。青年教学管理人员往往有较强的动手能力和先进、开放的思想意识,在操作计算机方面较为熟练,接受教育技术培训的意愿较高,但是他们在管理规划能力、管理经验方面则稍弱一些。所以在对青年教学管理人员开展培训活动时,要多讲解现代科学管理知识,并且要强化他们将教学管理业务和教育技术结合起来的能力。而较为年长的教学管理人员,虽然有丰富的管理经验,但他们不具备较强的计算机操作能力。所以,在对中年教学管理人员进行培训时,要着重训练他们的计算机操作水平以及对相关设施的使用方法,并且要让他们学会怎样将日常教学管理事务和教育技术结合起来,此外在培训时还要尽量让他们学会接纳和使用计算机以及其他先进的教育技术,改变传统的保守观念。除了以上几点措施,在培训时还要加强不同年龄段教学管理人员之间的沟通和交流,这样既能够推动教育技术在职工中的普及,让他们在工作过程中更加互帮互助,同时又能够提升教学管理人员的整体素质。[①]

3.强化教学管理人员的信息意识

教学管理人员的信息素养既包括应用技术的水平,也包括职工的信息意识。当前大部分高中往往更倾向于培养职工应用教育技术的能力,而忽视了对他们的信息意识、运用信息解决问题的创新能力、服务态度等方面开展针对性的培训。若各高中不能及时将培训重点和主要方向纠正过来,而只是单方面地提升教学管理人员操作计算机的技能,就无法从根本上切实提升教学管理人员的现代化教学水平。

三、加强教师队伍教学管理能力的培养与提升

在教学活动中,教师扮演着管理者和组织者的角色,负责管理和组织高中的教育信息资源,以及运用和发展现代化的教育技术。所以要想将教育技术的功能尽可能地发挥出来,就要在教育技术环境下提升教师实施有效教学管理的整体素质。

(一)提升教师的信息素养,打破传统观念

信息素养,顾名思义就是运用主要信息源以及信息工具解答具体问题的技能和技术。教师的信息素养包括四个方面:一是基本信息素养,指教师所具备的计算机基础知识和操作计算机的基本能力,只有在此基础上,教师才能在教育技术环境下开展教学活动;二是多媒体素养,就是借助多媒体开展有效教学的技术和能力,主要决定着教师是不是可以正确运用现代化的教学手段开展有效教学活动;三是网络素养,也就是教师要具备网络基础知识,只有掌握了这些知识教师才能对各类教学资源进行充分利用;四是课程整合素养,它具体指的是把教学活动和教育技术结合起来的能力,教师开展教学活动的成败在很大程度上取决于此。因此,在

---

① 杨娜,张海萍,姚靖.教育管理理念与思维创新[M].沈阳:辽海出版社,2017.

实际教学活动中,教师的信息素养发挥着极为关键的作用,各高中要注重提升教师的信息素养。

随着教育技术的广泛普及,传统的教学策略、理念、模式、手段、方法等也发生了极大的变化,原本的教学模式已经无法适应现代教学的需求。因此在教育技术环境下,增加教师的现代教育理论知识、更新教师的教学理念是大势所趋。教师要清楚地意识到:教育仍旧是主体,现代化的教育技术和教学设备只能作为辅助工具,而不能全然取代教师的地位,教师要注意将教育技术和教育理论结合起来。唯有教师及时更新自身的教育教学观念,才能更好地对现代化教育教学手段和技术加以应用。

另外,在当前的教育技术环境下,教师不仅仅是教育者,还负责着多项事务,比如教学设计、教学监控、教学策划、制作教学软件等。教师要及时转换自身角色,只有教师真正具备优良的教育技术水平,才能培养出更多的新型优秀人才。

总的来说,教师是实施多媒体教学方法的主要人物,只有他们摆正教学态度,努力提升自己的信息素养,并合理运用多媒体手段开展教学活动,才能将现代化教育技术的优势充分发挥出来,让现代化教学管理走上正轨。

(二)加强教师现代化教学管理理论的学习和培训

在教育技术不断进步的当下,教育界又再次重视起建构主义的学习理论。各高中要时常组织教师共同学习教育技术理论,掌握先进的教学方法和理论,及时对教学观念进行更新,使教师具备更高的现代化教育理论素养,让教师能够更熟练、更高效地运用教育技术开展教学管理活动,从而提升教师的教学质量和教学水平。

(三)强化教师教育技术培训,与信息化时代教学任务相整合

在面对现代化教育技术时,可依照不同的态度将高中教师分成三种类型:一是被动接受型,即教师知道教育技术的重要性,但是他们并不熟悉新型教学手段,不会对其展开合理的应用,因此在具体行动上更倾向于应用多媒体设备和教学软件,而较少应用教育技术,并且这些教师往往没

有时间与学生沟通交流,所以无法获得较好的教学效果;二是能力展示型,这些教师能够熟练操作计算机,并且在课件制作方面能力较强,但是他们往往更注重公开课以及领导所制定的"量"的目标,而不会花费较多的精力和心思在平时的教学活动中;三是主动探索型,这些教师会积极追求最佳的教学效果,他们往往有较强的接受能力,愿意将新型教学手段应用在教学活动中,并且主观上乐于付出时间和精力对教学活动进行设计,不过他们仍旧需要专家予以正确的帮助和引导。因此,在对教师开展教育技术培训时,要落实好以下几条措施。

1.培训内容不要脱离教育教学实践

教师应用教育技术、教学手段的能力不能只停留在操作计算机、应用教学媒体以及制作课件等简单层面,而应重点关注教师是不是有足够强的能力运用教育技术、教学手段所创建的环境,为达到发展学生的目的而对新型教学方式进行创造性运用。目前各高中在开展教师培训活动时往往倾向教育技术培训,比如动画制作、基础编程、网页制作等,却忽视了让教师学会怎样将教学实践和教学技术结合起来,因而削弱了实际教学活动中教学技术所发挥的作用。所以学校要注重对教师整合信息能力的培训,让他们具有更强的加工和处理繁杂信息的能力。

2.培训重点在于提升教师的教育技术与课程整合的能力

整合学科课程和教育技术,意味着教师要把教育技术与学科的具体教学过程融合起来,从而构建出新型的教学环境。这种教学环境,既能充分发挥教师的主导作用,又能让学生成为主体,开展探究、合作、自主的教学活动,极大地培养和发挥了学生的积极性、创造性,让原本的课堂结构从根本上发生改变,切实在教学过程中培养学生的实践能力和探索创新精神。

教师应依照学生的特点自行选取最恰当的教学资源进行多媒体课件的制作,这就要求教师具备较强的整合学科课程和教育技术、资源的能力。因此在培训过程中,要注重增强教师重组和处理信息资源的能力,让他们能够熟练地运用教育技术方法,处理、加工和整合课程内容,并依照自身的教学设计以及学生的实际情况,设计和制作出符合自己预期的多媒体课件。[①]

3.培训时注重提升教师的信息化教学评价和科研能力

在如今的教育技术环境下,不仅要看到信息化教学给教学工作带来的诸多便利,还要注意到它带来的一些新问题,比如,怎样培养学生新的学习习惯、学习观念和能力?怎样进行数字化教学的设计?如何有效地评价教学过程?也正是这些新产生的问题突显出了教师的科研能力和教学评价能力在其整体素质中的重要性。唯有切实提升教师的科研能力和教学评价水平,才能有效提升教师的教学管理水平。

四、加强学生的现代化教学管理适应能力

(一)开设教育技术课程

开设教育技术课程,增强学生对现代化教学管理的适应能力,主要从以下两点入手。

1.培养学生的动手能力

学生是主要的受教育者,他们的教育技术应用能力直接决定着教学效果。若学生不能恰当运用教育技术知识,比如在语音实验室内,开展口语训练时,学生不能对语音设备进行正确使用,那么必然会影响教学进度,也会打击学生的积极性,甚至让他们对课堂产生抵触心理,这样一来就必然会降低教学效果。因此高中既要重视对教师的培训,也要重视对学生的培训,使他们拥有更强地借助教育技术开展学习活动和自我创新的能力。

尽管现代社会取得了较大的发展,人民生活水平也得到了较大提升,大部分家庭都购置了计算机,加之中小学计算机教育的普及,很多学生都

①　杨颖秀.理解教育管理与政策[M].长春:东北师范大学出版社,2019.

对计算机的操作较为熟练,但不可避免的是,很多新型的教育技术、教学手段依然是学生们此前没有接触过的,比如网络虚拟实验室、微格教室等。对此,高中要开设相应的教育技术课程,有针对性地对学生开展相关技术培训,让学生能够更加灵活、熟练地运用教育技术,从而最终达到提升教学质量的目的。

2.注重培养学生的学习实践能力

学生学习教育技术的目的在于提升学习能力,解决自己在具体的学习过程中遇到的问题。当前各高中虽然开设了基本的计算机课程,但是没有专门开设教育技术课;而部分高中教学内容和教学设备陈旧,教师人数不够,并且没有专业的教育技术教师给学生传授相关的知识。这些都导致学生只是掌握了最基本的计算机知识,而缺乏教育技术的系统知识,不具备较强地借助教育技术手段解决实际问题的能力。所以各高中要积极开设教育技术课程,并为该课程配备专业的讲师,在开展具体的教学活动时也要注重培养学生对教育技术的实际应用能力,避免让教学内容浮于表面,因为信息理解、判断和评价能力对解决问题来说是非常重要的。

(二)在教学过程中提升学生对现代教学管理方式的适应能力

1.培养学生在教育技术环境下正确的心理状态

在借助教育技术手段开展实际教学活动时,若是过度强调教学对象的积极性,过于重视设计外部的刺激条件,而不考虑学生的心态变化,就会使教学活动变得十分生硬和呆滞。为了防止这种现象的发生,教师在重视教育过程有序操作的同时,还要着重对学生进行心理指导,从而切实确立起学生的教学主体地位。教师可将信息加工学习理论、认知发展理论等作为教学过程的指导理论,既开展理性的探究发展活动,对教学活动的过程进行细致刻画,又对学生的个性发展、意志、情感等方面予以关注,这样就能让教学活动既有坚实的科学基础,又包含一定的非理性因素,更具活力和生机,从而在具体教学过程中将人的内在学习资源和潜力充分开发出来,以达到提升教学效果的目的。

2.尊重教育技术环境下学生的教学主体地位

在教学实践中,人们普遍认为多媒体教学属于教师行为。无论是从制作课件、课堂角色扮演方面,还是从教学评价方面,都可以看出教师仅仅只是将多媒体教学视为教学方法的革新,认为它不过是对教师的主体作用加以现代化技术的润色,而没有切实将"人本教育"体现出来,因此多媒体教学的真正作用也没有得以发挥。所以在建构主义学习理论再次被人们聚焦的今天,教师首先要做的就是对自身角色进行转换,教师不再是传统的讲授者,而是变身为学生的组织者和引导者。在教育技术创建出来的新型教学环境中,教师要努力运用多媒体教学手段开展和学生之间的交互式教学,让多媒体教学手段真正成为学生的认知工具,在开展教学活动时也不再是单纯地讲授分析,而是给学生更多发现问题和探究问题的机会,不断增强学生在学习过程中的能动性和自主性,让他们学会学习,真正成为主动学习者,从而使学生在教学活动中居于主体地位。

3.注重培养学生的非智力因素

非智力因素这一概念是和智力因素相对而言的。智力因素即人们所说的智商,通常包括:注意力、想象力、观察力、思维力、记忆力、创造力。自 20 世纪初,在智力概念被提出并快速发展之后,人们又提出了与之相对的概念——非智力因素。"非智力因素"这一概念最初是由心理学家亚历山大于 1935 年在他的一篇论文《智力:具体与抽象》中提出来的。其中非智力因素指的是和认识不存在直接关系的意志、情感、性格、兴趣、动机、需要、世界观、抱负、信念、目标等。非智力因素能对学生的学习活动造成影响,比如自制力、勤奋、兴趣、踏实、自我确认、刻苦、自我约束、恒心、忍耐性、自我觉察、顽强性等。

教师在借助教育技术对学生的非智力因素进行培养时,可以采用的方式有:教师在教育资源内容中更加突出素质教育,可以设计更加个性化、人性化的学习界面;注重加强师生之间、生生之间的双向协作和沟通,增强学生的团队合作精神和人际交往能力;帮助学生更好地掌握现代信息技术,增强他们开展自主学习活动的能力和兴趣;保持素质教育内容的先进性和有效性。这些方式都能促进学生的全面、和谐发展。而教育信息化能够帮助教师开展个性化教学、开放性教学,以及多媒体交互性教学。这样能够提升学生的学习兴趣,将他们的学习主体作用充分发挥出来,从而有效提升教育教学的质量。①

4.教师借助教育技术开展教学活动时要注意因材施教

教师在借助教育技术开展实际教学活动时,学生在单位的空间和时间内所接收的信息涵盖了多种形式,是集动画、声音、图像、文字等为一体的信息集合,这意味着相较于传统课堂的教学内容来说,学生要接收更多的信息量,并且接收的速度要更快。若学生自身有较强的接受能力,那么他就能够通过各种感官刺激更加深入地理解教学内容;若学生自身的接受能力不强,那么信息过多会给他的学习活动造成负担。这就要求教师在借助教育技术开展教学活动时要注意因材施教,给予那些有较强接受能力的学生更多的信息刺激,让他们充分发挥自身的想象力和创造力;而对那些接受能力稍弱的同学,教师可以循序渐进地予以引导,增强他们的学习兴趣,使他们具备更高的现代化学习能力,从而和现代化教学管理的要求相适应。

---

① 于炳春.星火微澜:现代高中教育革命的心事与梦想[M].青岛:中国海洋大学出版社,2016.

参考文献

[1]安任江.高中教育教学践行与探究[M].贵阳:贵州人民出版社,2019.

[2]白华金.教育管理的理论探索与研究[M].长春:吉林文史出版社,2019.

[3]白志峰.追课实录高中数学课堂内外教育教学探索[M].北京:北京理工大学出版社,2018.

[4]曹钧,栾永祖.高中学生生涯规划教育实践与探索[M].长春:吉林大学出版社,2019.

[5]曹晔.当代中国中等职业教育[M].天津:南开大学出版社,2016.

[6]陈昊.地理教学的时间管理研究[M].镇江:江苏大学出版社,2016.

[7]陈莉欣.基础教育管理与质量评价[M].西安:世界图书出版西安有限公司,2018.

[8]楚红丽.中国教育管理哲学[M].北京:中国经济出版社,2019.

[9]褚蝶花,黄丽芳,朱丽娜.教育管理与教学艺术[M].北京:中国原子能出版社,2017.

[10]付晓洁.教育管理[M].西安:陕西师范大学出版总社有限公司,2019.

[11]葛新斌.高中教育发展战略问题研究[M].长春:吉林大学出版社,2019.

[12]郭军,刘剑.教育管理与思维创新[M].长春:吉林科学技术出版社,2019.

[13]郭平,卢雄,李小融.高中校长论教育教学与管理[M].成都:西南交通大学出版社,2016.

[14]郭文,聂晓微.教育管理研究与实践[M].长春:吉林出版集团股份有限公司,2019.

[15]郭艳.教育管理与制度文化[M].长春:吉林出版集团股份有限公司,2017.

[16]何长涛.新时代高中教育的思考与探索[M].沈阳:辽宁大学出版社,2019.

[17]贾素娟,杜钰,曹英梅.学生教育与教学管理研究[M].北京:中国商务出版社,2019.

[18]江树宇.高中教育管理理论与实践[M].成都:四川大学出版社,2017.

[19]李军靠,冯晓红,丁一鑫.新高考视域下普通高中教育教学改革研究[M].北京:中国社会科学出版社,2020.

[20]梁茜.普通高中教育过程公平研究[M].北京:中国社会科学出版社,2023.

[21]刘茂祥.普通高中与中职校的沟通机理研究[M].上海:上海科学技术出版社,2017.

[22]刘绍荃.教育创新的成都实验[M].成都:四川科学技术出版社,2017.

[23]牛俊丽.耕耘在教育的原野上:学校管理日记[M].北京:北京师范大学出版社,2017.

[24]邵迎春.教育即充实:学术高中创建探寻[M].北京:北京师范大学出版社,2021.

[25]孙锦涛.教育管理原理(2017年版)[M].北京:高等教育出版社,2017.

[26]唐群.育人细无声:高中教育管理的实践与探索[M].上海:上海教育出版社,2019.

[27]童旭光.教育管理案例研究[M].北京:北京理工大学出版社,2018.

[28]王初升.教育管理与教学研究[M].咸阳:西北农林科技大学出版社,2019.

[29]王晓红.成长教育新探索[M].上海:上海教育出版社,2016.